Cahier d'exercices

练习册

Reflets

走遍法国

1

(法) Guy Capelle / Noëlle Gidon 著

胡 瑜 吴云凤 编译

外语教学与研究出版社

北京

京权图字：01-2005-5784

图书在版编目（CIP）数据

走遍法国练习册．1．上／（法）卡佩勒（Capelle, G.），（法）吉东（Noelle Gidon, N.）著；胡瑜，吴云凤编译．— 北京：外语教学与研究出版社，2006.1（2017.8 重印）
ISBN 978-7-5600-5308-0

Ⅰ．走… Ⅱ．①卡… ②胡… ③吴… Ⅲ．法语－习题 Ⅳ．H329.6

中国版本图书馆 CIP 数据核字（2007）第 017681 号

出 版 人　蔡剑峰
责任编辑　李　莉
版式设计　牛茜茜
出版发行　外语教学与研究出版社
社　　址　北京市西三环北路 19 号（100089）
网　　址　http://www.fltrp.com
印　　刷　北京京科印刷有限公司
开　　本　889×1194　1/16
印　　张　5.5　活页　1
版　　次　2006 年 1 月第 1 版　2017 年 8 月第 19 次印刷
书　　号　ISBN 978-7-5600-5308-0
定　　价　19.90 元

购书咨询：（010）88819926　电子邮箱：club@fltrp.com
外研书店：https://waiyants.tmall.com
凡印刷、装订质量问题，请联系我社印制部
联系电话：（010）61207896　电子邮箱：zhijian@fltrp.com
凡侵权、盗版书籍线索，请联系我社法律事务部
举报电话：（010）88817519　电子邮箱：banquan@fltrp.com
法律顾问：立方律师事务所　刘旭东律师
　　　　　中咨律师事务所　殷　斌律师
物料号：153080201

出版说明

《走遍法国》(*Reflets*)系我社从法国阿歇特图书出版集团（Hachette Livre）引进的一套以视听内容为基础的法语教材。该套教材的每个水平等级分册都由学生用书、教师用书和练习册组成。为了满足不同类型的学习者的需求，我们特请北京第二外国语大学的胡瑜和吴云凤老师对这套教材进行了改编。

该练习册为《走遍法国》学生用书（1上）的配套用书，主要用于强化和复习所学知识，包括词汇、语法和写作等习题类型。学习者可以在做练习前阅读学生用书的语法讲解，或在做练习时查阅学生用书书末的语法概要和动词变位表。

该练习册在原书的基础上做了适当调整，主要包括：

✓ 编译者增加了若干练习，丰富了习题的内容，并保持了与原有习题的连贯性；
✓ 提供学生用书中“文化点滴”的中文翻译；
✓ 根据学习进度，将原书两个复习课的内容调整为三个复习课分别置于第2、第4和第6单元的后面；
✓ 习题的参考答案设计成活页形式，方便学习者查对。

原书中有一些非常好的学习建议，我们做了整理并翻译成中文，供学习者参考。

Avec la vidéo : observez bien les comportements des personnages ; imaginez les répliques des personnages.
看录像时，仔细观察人物的行为，想象人物对话。

Imitez les enregistrements. Soyez attentifs à la prononciation et à l'intonation. Répétez plusieurs fois à haute voix.
模仿录音，注意语音语调，反复朗读。

Notez les différences avec votre langue maternelle. Apprenez des phrases-exemples pour mémoriser les règles.
记录法语和你的母语之间的差异。学习典型例句以记忆语法规则。

Apprenez les mots nouveaux dans des phrases. Prononcez les mots nouveaux à haute voix.
在句子中学习生词，并大声朗读生词。

Vous pouvez deviner le sens des mots nouveaux grâce :
– à l'illustration (si elle existe) ;
– au contexte ;
– à la logique de la situation.
Utilisez un dictionnaire pour vérifier vos hypothèses.
你可以通过图片、上下文和情景逻辑猜测生词的意思。然后查词典核实你的猜测。

Demandez aux autres comment ils apprennent. Variez vos techniques d'apprentissage.
询问他人的学习方法。变换学习技巧。

Réfléchissez aux techniques d'apprentissage. Choisissez votre technique de travail.
思考学习方法，选择适合你自己的学习方式。

Essayez de vous évaluer. Essayez de reproduire de mémoire des scènes du feuilleton et faites des variations.
自我评估。试着凭记忆表演课文录像的场景，并变换表达方式。

Écoutez la radio en français. Regardez des films en version originale (VO).
听法语广播，看原版电影。

外语教学与研究出版社
综合语种事业部 法语工作室
2005年12月

TABLE DES MATIÈRES
目　录

VOUS ÊTES FRANÇAIS ?

1. Pronoms personnels et toniques.

Complétez les dialogues.

Dialogue 1

1) ▪ Salut. .... t'appelles comment ?
2) ▪ Éric. Et .... ?
3) ▪ ...., ... m'appelle Sophie.
4) ▪ .... es actrice ?
5) ▪ Non, ... suis étudiante.
6) ▪ Et .... ?
7) ▪ Lui, ... est professeur.

Dialogue 2

8) ▪ Bonjour. .... m'appelle Nicolas Dupont. .... suis étudiant. Et .... , ... vous appelez comment ?
9) ▪ Je m'appelle Anne.
10) ▪ Et .... , je suis Paul.
11) ▪ .... êtes aussi étudiants ?
12) ▪ Non, je suis professeur. .... , ... est acteur.

2. *Être* et *s'appeler*.

Complétez le dialogue.

1) ▪ Bonjour. Vous vous .... comment ?
2) ▪ Joseph Pinson. Et vous ?
3) ▪ Moi, je .... Valérie Moreau.
4) ▪ Vous .... journaliste ?
5) ▪ Oui. Et vous, vous .... acteur ?
6) ▪ Oui, je .... acteur.
7) ▪ Et elle ? Elle .... actrice ?
8) ▪ Oui, elle .... actrice.

3. Mettez le dialogue en ordre. 将下面的句子排序组成一段对话。

◯ a ▪ Moi, c'est Alberto.
◯ b ▪ C'est Paolo, un ami.
◯ c ▪ Et lui, c'est qui ?
◯ d ▪ Non, je suis italien.
◯ e ▪ Tu es espagnol ?
◯ f ▪ Salut, je m'appelle Quentin. Et toi ?

4. *Un ou une ?*

Cochez le bon nom.

1) ▪ C'est un	❍ Français.	❍ Française.
2) ▪ C'est une	❍ étudiant.	❍ étudiante.
3) ▪ C'est un	❍ actrice.	❍ acteur.
4) ▪ C'est une	❍ ami.	❍ amie.
5) ▪ C'est un	❍ Italien.	❍ Italienne.

5. C'est qui ?

Complétez la légende des photos. 把下面三幅图的说明文字补充完整。

1)

2)

3)

1) ▪ .... Claudia Schiffer. Elle .... allemande. .... un mannequin célèbre.

2) ▪ Elle .... Catherine Deneuve. Elle est .... C'est une ....

3) ▪ .... Daniel Auteuil. .... français. .... un acteur.

6. Homme ou femme ?

Cochez le bon adjectif.

1) ▪ Il est	❍ espagnole.	❍ espagnol.
2) ▪ Elle est	❍ grecque.	❍ grec.
3) ▪ Il est	❍ français.	❍ française.
4) ▪ Elle est	❍ canadienne.	❍ canadien.
5) ▪ Il est	❍ allemande.	❍ allemand.
6) ▪ Elle est	❍ chinoise.	❍ chinois.
7) ▪ Il est	❍ japonais.	❍ japonaise.

7. Terminaisons du féminin.

Écrivez les terminaisons.

1) ▪ Émilie est canadien...... . C'est une journaliste.

2) ▪ Elle s'appelle Justine. Elle est français...... .

3) ▪ Claudia est italien...... . C'est une act...... .

4) ▪ Maria est brésilien...... . C'est une étudiant...... .

5) ▪ Elle s'appelle Pilar. Elle est espagnol...... .

6) ▪ Ryoko est japonais...... . C'est une professeur.

7) ▪ Elle s'appelle Lin Fang. Elle est chinois...... .

8. Trouvez les questions.

1) ▪ –.. ? – Maria.

2) ▪ –.. ? – Non, je suis italienne.

3) ▪ –.. ? – Oui, je suis étudiante.

4) ▪ –.. ? – C'est un ami.

5) ▪ –.. ? – Non, il est grec.

6) ▪ –.. ? – Alexakis.

9. Trouvez les nombres.

Écrivez en chiffres au mions huit nombres de la grille. 从下图中找出至少8个数字。

S T S O I X A N T E E T O N Z E I L A
O M S Q U A T R E V I N G T U N Y N U
N U S O I X A N T E S E I Z E D E U X
Z C I N Q U A N T E E T U N C I N Q E
E Z E T R E N T E Q U A T R E H U I T
D O U Z E A M I D I X N E U F Z E R O
Q U A T R E V I N G T D I X N E U F U
C E N T S O I X A N T E D I X S E P T

....
....
....
....

10. Comptez.

Écrivez les nombres en lettres.

Exemple 1 : 51 + 20 = 71.

⇨ **Cinquante et un plus vingt égale soixante et onze.**

1) ▪ 7 + 8 = 15.

....

2) ▪ 11 + 10 = 21.

....

3) ▪ 12 + 11 = 23.

....

4) ▪ 40 + 41 = 81.

....

5) ▪ 51 + 23 = 74.

....

Exemple 2 : Mon numéro de téléphone est le 01 45 37 89 91.

⇨ ***zéro un, quarante-cinq, trente-sept, quatre-vingt-neuf, quatre-vingt-onze***

6) 06 68 35 72 24

7) 0086 21 65 89 33 44

8) 0033 2 24 46 57 83

11. Orthographe : *es, est* ou *et* ?

Complétez les phrases.

1) ▪ Voilà Victoria Abril .... Gérard Depardieu.

2) ▪ Émilie Larue .... journaliste.

3) ▪ Tu .... étudiante ?

4) ▪ Elle .... actrice.

5) ▪ Elle est étudiante .... actrice.

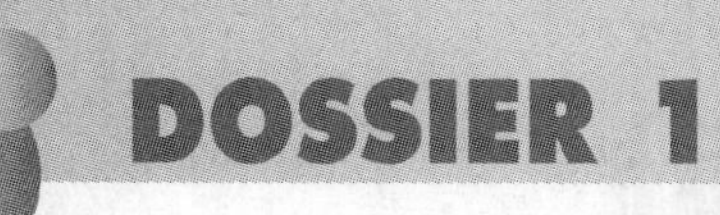

LE NOUVEAU LOCATAIRE

Vocabulaire

1. Chassez l'intrus.

Exemple : le nom – le prénom – l'âge – ~~la vidéo~~

1) ▪ un dentiste – un médecin – un chien – une secrétaire

2) ▪ un mannequin – un agent de voyages – un locataire – un étudiant

3) ▪ moi – toi – je – lui

2. Quelle est leur profession ?

Complétez les grilles.

1) ▪ Ingrid est …

2) ▪ Catherine Deneuve est …

3) ▪ Pierre-Henri de Latour est …

4) ▪ Il travaille dans un journal. Il est …

5) ▪ Françoise Dupuis est …

6) ▪ Henri Dumas est …

7) ▪ Céline Dion est …

1 M _ N _ _ Q _ _ _
2 A _ _ _ _ C _
3 _ T _ _ _ A _ _
4 J _ _ _ _ _ _ _ S _ _
5 D _ _ T _ S _ _
6 M _ D _ C _ _
7 C _ A _ _ _ _ S _

3. Quelle est leur identité ?

Lisez les dialogues et écrivez les informations demandées.

	Nom	Prénom	Nationalité	Adresse
1)				
2)				
3)				

Dialogue 1
– Bonjour. Vous êtes monsieur… ?
– Garnier. Mon nom est Alain Garnier.
– Vous habitez à Paris ?
– Oui, au 25 rue Blanche.
– Quelle est votre nationalité ?
– Française.

Dialogue 2
– M. Rodriguez est là ?
– Oui, c'est moi.
– Vous êtes français ?
– Non, espagnol.
– Mais vous habitez à Bordeaux.
– Oui, rue du Docteur-Roux, au 31.

Dialogue 3
– Vous êtes bien M. Fernand Lamaison ?
– Oui.
– Vous êtes canadien ?
– C'est ça. J'habite à Montréal.
– Et votre femme est française ?
– Oui.

Grammaire

4. Homme ou femme ?

*Écrivez **H** si on parle d'un homme, **F** si on parle d'une femme.*

◯ 1) ▪ Il est agent de voyages ?
◯ 2) ▪ C'est un garçon heureux.
◯ 3) ▪ Dominique est française ?
◯ 4) ▪ Je vous présente le nouveau locataire.
◯ 5) ▪ Ton amie Valérie va bien ?

5. Le verbe *être*.

*Complétez avec le verbe **être**.*

1) ▪ Tu .... française ?
2) ▪ Vous .... italien ?
3) ▪ Il .... dans sa chambre.
4) ▪ Je .... espagnol.
5) ▪ Vous .... seul ?
6) ▪ Tu .... dans le salon ?
7) ▪ Elle .... italienne.
8) ▪ Vous .... agent de voyages ?
9) ▪ Elle .... chez elle.
10) ▪ Tu .... japonais ?

6. Les pronoms toniques.

Complétez avec des pronoms toniques.

1) ▪ – ...., je suis secrétaire. Et .... ? – .... aussi.
2) ▪ – J'habite à Paris. Et .... ? – ...., j'habite à Lyon.
3) ▪ – Et ...., il s'appelle comment ? – ...., c'est Alain.
4) ▪ – ...., elle est étudiante. Et .... ? – ...., je suis dentiste.
5) ▪ – Je m'appelle Legrand. Et .... ? – ...., je m'appelle Berthier.

7. Mettez ensemble questions et réponses.

将下列问题和回答配对，组成一段对话。

Au secrétariat de l'école de langues.

在语言学校的秘书处。

1) ▪ Bonjour, Monsieur.
2) ▪ Vous vous appelez comment ?
3) ▪ Quelle est votre adresse ?
4) ▪ Non. Excusez-moi. Votre adresse à Paris, pas à Barcelone.
5) ▪ Vous avez un numéro de téléphone ?

a ▪ Edmundo Rojas.
b ▪ À Barcelone ?
c ▪ Oui, c'est le 01 44 37 18 76.
d ▪ Bonjour.
e ▪ Ah, bon. J'habite chez un ami, au Quartier latin, 18 rue Hautefeuille.

8. *C'est* ou *il/elle est* ?

Complétez les phrases.

1) ▪ .... elle.
2) ▪ .... grande.
3) ▪ .... une fille sympathique.
4) ▪ .... dans sa chambre.
5) ▪ Lui, ... agent de voyages.
6) ▪ .... sympathique.
7) ▪ Elle, ... une femme célèbre.
8) ▪ Lui, ... un garçon sérieux.
9) ▪ .... Nathalie, ... une Française. .... est belle.
10) ▪ Marc, ... lui. .... mannequin.
11) ▪ .... un professeur. .... sympathique.
12) ▪ Philippe ? .... chez lui. .... un étudiant sérieux.

9. *C'est* ou *il/elle est* ?

Complétez le dialogue.

1) ▪ La jeune femme, là-bas, ... italienne ?
2) ▪ Oui, ... une Italienne.
3) ▪ .... une étudiante ?
4) ▪ Non, ... secrétaire.
5) ▪ Et le jeune homme avec elle, ... un ami ?
6) ▪ Oui. .... sympathique.
7) ▪ Et .... un beau couple !

10. Prépositions.

Regardez les dessins et faites des phrases avec les prépositions : ***avec – chez – dans – à.***
看图片并用给出的介词造句。

1) ▪ ....
2) ▪ ....
3) ▪ ....
4) ▪ ....

11. Trouvez la question.

Dites ***tu*** *à Coralie.*

1) ▪ – .... ? – Lemarchand.
2) ▪ – .... ? – Coralie.
3) ▪ .... ? – Je suis française.
4) ▪ .... ? – Non, je suis acteur.
5) ▪ – Et lui, ... ? – C'est un ami.
6) ▪ – .... ? – 18, rue du Cardinal Mercier.
7) ▪ – .... ? – C'est le 01 45 48 70 14.

Écriture

12. Comment ça s'écrit ?

*Complétez les phrases. Choisissez **a** ou **b**.*

1) ▪ Tu habites .... ?	**a** ▪ ou	**b** ▪ où
2) ▪ J'habite .... Paris.	**a** ▪ à	**b** ▪ a
3) ▪ Elle est	**a** ▪ étudiante	**b** ▪ étudiant
4) ▪ Il .... pilote.	**a** ▪ es	**b** ▪ est
5) ▪ Elle est	**a** ▪ italien	**b** ▪ italienne

13. Quel désordre !

Aidez l'ordinateur à mettre le dialogue dans l'ordre. Puis, écrivez le dialogue.

整理并抄写下面的对话。

◯ **a** ▪ Bonjour, moi, je m'appelle Aurélie. Et toi ?
◯ **b** ▪ Non, moi, je travaille, je suis journaliste.
◯ **c** ▪ Je suis français.
◯ **d** ▪ Quelle est ta nationalité ?
◯ **e** ▪ Moi, je m'appelle Benjamin. Bonjour, Aurélie.
◯ **f** ▪ Moi, je suis étudiante. Toi aussi ?
◯ **g** ▪ Au revoir, Benjamin. À bientôt sur Internet.
◯ **h** ▪ Au revoir, Aurélie.

ON VISITE L'APPARTEMENT

Vocabulaire

1. Quel est le nom de l'objet ?

Associez le nom et l'objet.

1)

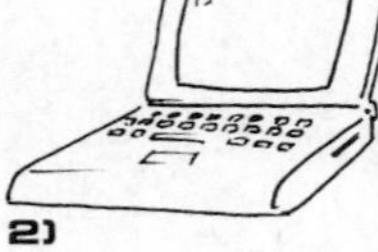
2)

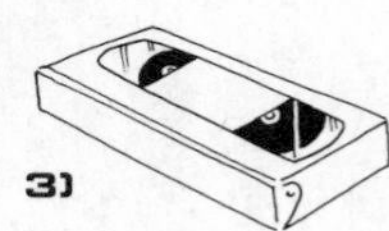
3)

4)

5)

- ◯ un livre
- ◯ une chaise
- ◯ une calculatrice
- ◯ un ordinateur
- ◯ une cassette vidéo

2. Associez les mots.

1) ▪ manger	a ▪ faim
2) ▪ chercher	b ▪ le samedi
3) ▪ travailler	c ▪ un appartement
4) ▪ avoir	d ▪ son père
5) ▪ présenter	e ▪ au restaurant
6) ▪ visiter	f ▪ du travail
7) ▪ montrer	g ▪ le ménage
8) ▪ continuer	h ▪ une porte
9) ▪ faire	i ▪ le travail

3. Quel est le genre des noms ?

Classez les noms suivants dans le tableau. Mettez un article indéfini devant les noms.

cuisinier – agence – stagiaire – locataire – secrétaire – garçon – fille – dentiste – femme – profession – adresse – prénom – directeur – actrice – chanteur

Masculin	Féminin	Masculin ou féminin
un cuisinier	*une agence*	*un ou une stagiaire*

Grammaire

4. Article défini ou indéfini ?

Complétez le dialogue.

1) ▪ Pascal, c'est .... ami de Benoît et de Julie ?

2) ▪ Maintenant, oui. C'est .... nouveau locataire.

3) ▪ Il a .... chambre ?

4) ▪ Oui. C'est .... grande chambre.

5) ▪ Et .... bureau, il est à lui ?

6) ▪ Oui. Il a .... bureau, ... chaise et .... lit.

Complétez les phrases.

7) ▪ – Qui est .... cuisinier en chef ? – C'est Julie, elle fait .... cuisine aujourd'hui.

8) ▪ Pascal, je te présente .... père de Julie.

9) ▪ Benoît est .... garçon sérieux. Il est à .... agence de voyages.

10) ▪ C'est .... agence de voyges. Benoît travaille ici. Il a .... air très gentil.

5. Quel est le numéro de la photo ?

Associez les photos et les légendes.

1) 2) 3) 4)

◯ a ▪ C'est un café célèbre. C'est le café de Flore à Saint-Germain-des-Prés.

◯ b ▪ C'est une place de Paris, la place de la Concorde.

◯ c ▪ C'est un beau musée. C'est le musée du Louvre.

◯ d ▪ C'est une grande église. C'est le Sacré-Cœur de Montmartre.

6. Qu'est-ce qu'il/elle a ?

Répondez comme dans l'exemple.

Exemple : – Moi, j'ai un stylo, et lui ?

➪ **– Lui aussi, il a un stylo.**

1) ▪ – Lui, il a un livre, et elle ? – ....

2) ▪ – Vous, vous avez un appartement, et lui ? – ....

3) ▪ – Toi, tu as une grande cuisine, et elle ? – ....

4) ▪ – Elle, elle a un nouveau bureau. Et toi ? – ....

5) ▪ – Moi, j'ai faim. Et toi ? – ....

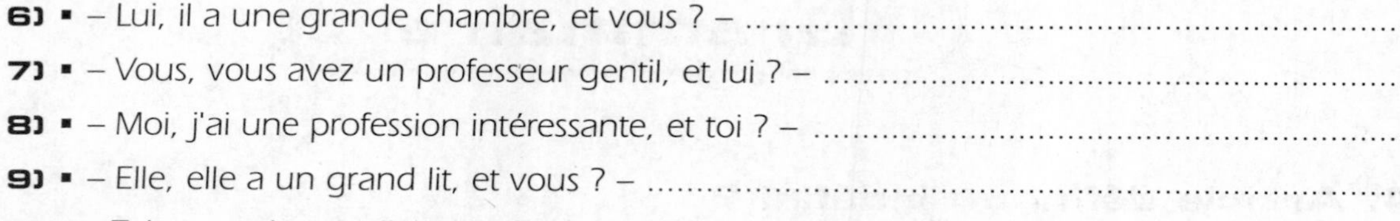

6) ▪ – Lui, il a une grande chambre, et vous ? – ....

7) ▪ – Vous, vous avez un professeur gentil, et lui ? – ....

8) ▪ – Moi, j'ai une profession intéressante, et toi ? – ....

9) ▪ – Elle, elle a un grand lit, et vous ? – ....

10) ▪ – Toi, tu as du travail, et elle ? – ....

7. *Être* ou *avoir* ?

*Complétez le dialogue avec **a**, **est** ou **c'est**.*

1) ▪ .... Marisa Ricci ?

2) ▪ Oui, ... elle.

3) ▪ Elle .... française ?

4) ▪ Non, elle .... italienne.

5) ▪ Elle .... quel âge ?

6) ▪ Elle .... 25 ans.

7) ▪ Elle .... un appartement à Paris ?

8) ▪ Oui. Il .... dans le 18e arrondissement.

9) ▪ Benoît .... agent de voyages.

10) ▪ Il .... 25 ans.

11) ▪ Il .... sérieux.

12) ▪ .... samedi aujourd'hui.

13) ▪ Où .... -il ?

14) ▪ Il .... à l'agence de voyages.

15) ▪ Il .... faim.

8. Expressions avec *avoir*.

Écrivez une phrase pour chaque dessin.
用动词*avoir*给下面每幅图写一句话。

1) .... **2)** ....

3) .... 4) ....

9. Adjectifs possessifs.

Complétez avec des adjectifs possessifs.

1) ▪ Voici .... femme et .... fille.

2) ▪ Je vous présente .... père et .... mère.

3) ▪ – C'est .... chambre ? – Oui, c'est .... chambre.

4) ▪ – C'est .... amie ? – Non, c'est .... cuisinière.

5) ▪ – Tu as .... adresse ? – Non, mais j'ai .... numéro de téléphone.

10. Articles ou adjectifs possessifs ?

Complétez les phrases.

1) ▪ – C'est .... agence de Nicolas ? – Oui, c'est .... agence.

2) ▪ – C'est .... chien ? – Non, c'est .... chien de .... amie.

3) ▪ – Tu as .... carte d'identité ? – Non, mais j'ai .... passeport.

4) ▪ – Où est .... appartement de Benoît ? – Il est au 25 de .... rue Blanche.

5) ▪ – .... numéro de téléphone, c'est bien .... 01 45 38 26 32 ?

11. Trouvez les questions.

1) ▪ – .... ? – Je m'appelle Denise.

2) ▪ – .... ? – J'ai 30 ans.

3) ▪ – .... ? – Je suis musicienne.

4) ▪ – .... ? – À Paris.

5) ▪ – .... ? – Oui, j'ai un appartement.

6) ▪ – .... ? – Il est à Paris.

7) ▪ – .... ? – Il a 30 ans.

8) ▪ – .... ? – Oui, il travaille le samedi.

9) ▪ – .... ? – Il est professeur.

10) ▪ – .... ? – Oui, il est gentil.

Écriture

12. Prononciation ouverte ou fermée ?

Trouvez des mots prononcés avec :

1) ▪ un é fermé [e] : étudiant, profession, ...

2) ▪ un è ouvert [ɛ] : stagiaire, est, ...

13. Écrivez l'adresse.

Exemple : Monsieur et Madame Albert Prévost
habitent à Fontainebleau,
au 15 de la rue des Fleurs.
Le code postal est le 77300.
⇨

M. et Mme Albert Prévost
15, rue des Fleurs
77300 Fontainebleau

1) ▪ L'appartement de Monsieur Joseph Dumayet
est à Paris, avenue des Gobelins, au numéro 12.
Le code postal est le 75013.

2) ▪ Madame Aline Puivert habite à Nice,
au 32 de l'avenue Dubouchage.
Le code postal est le 06000.

....
....
....

1)

....
....
....

2)

14. Mettez les photos dans l'ordre.

Mettez les cinq photos dans l'ordre de l'histoire. Puis, écrivez une phrase par photo.

a b c d e

◯ 1) ▪ ....

◯ 2) ▪ ....

◯ 3) ▪ ....

◯ 4) ▪ ....

◯ 5) ▪ ....

文化点滴

法语国家与地区

我们现在在河内（Hanoï），第七届法语国家首脑会议[1]正在这里举行。49个国家参加了该次大会，他们代表着全世界两亿讲法语的人。

现在我们来到非洲国家科特迪瓦（Côte d'Ivoire），这儿的居民讲法语。

下面让我们来听听马格里布地区（Maghreb）这间教室里的小学生们在做什么，他们已经能用流利的法语说话和唱歌了。

五大洲都有人讲法语：欧洲、非洲、亚洲、美洲和大洋洲。

在波利尼西亚（Polynésie），人们也讲法语，甚至在市场上也一样。

在加拿大的魁北克省（Québec），有700万人讲法语。在马尼托巴省（Manitoba）的圣博尼费斯市（Saint-Boniface），讲法语的人们热爱自己的语言。在这所中学里，数学和文学的授课语言都是法语！街上的指示牌也用两种语言书写。上面写着：欢迎所有讲法语的人。

注释：

1 法语国家首脑会议由法语国家国际组织（Organisation internationale de la Francophonie）成员国的首脑参加，自1986年起至2006年已经举办了11届。该会议主要通过制定法语国家发展和合作框架以维护法语在世界上的地位，扩大法语国家在政治和文化领域的影响。法语国家国际组织目前有55个成员国和13个观察员国。

答案：

Choisissez la bonne réponse.

1) a et b

2) b

UNE CLIENTE DIFFICILE

Vocabulaire

1. Associez les mots des deux colonnes.

1) ▪ souhaiter	a ▪ en retard
2) ▪ être	b ▪ d'aide
3) ▪ payer	c ▪ la bienvenue
4) ▪ avoir besoin	d ▪ à la banque
5) ▪ passer	e ▪ par chèque
6) ▪ ajouter	f ▪ un rendez-vous
7) ▪ avoir	g ▪ au bureau
8) ▪ demander	h ▪ une escale
9) ▪ aller	i ▪ son passeport

2. Chassez l'intrus.

1) ▪ carte de crédit – chèque – machine – billet
2) ▪ tutoyer – emmener – plaisanter – renseignement
3) ▪ aujourd'hui – ce soir – enfin – ce matin
4) ▪ employé – stagiaire – bureau – secrétaire
5) ▪ pièce d'identité – passeport – carte bancaire – carte d'identité

3. Adverbes.

Complétez avec : ***déjà – là-bas – toujours – ici – sûrement.***

1) ▪ Il est .... 11 heures !
2) ▪ Vous habitez .... rue Blanche ?
3) ▪ Venez ....
4) ▪ L'agence est ....
5) ▪ Il est 10 heures. Benoît est .... à l'agence.

4. Qu'est-ce que c'est ?

1) Quels objets sont sur le dessin ? Soulignez leur nom.
图中有什么物品？在下列名词中找出它们的名称。

Un stylo – une agrafeuse –
un fax – une feuille de papier –
un dossier – une enveloppe –
une disquette – un ordinateur.

2) Classez les objets du dessin.

a ▪ Noms masculins : ....

b ▪ Noms féminins : ....

Grammaire

5. Conjugaison.

Complétez les phrases avec les verbes suivants : ***manger – habiter – travailler – parler – passer – préférer – demander – emmener.***

1) ▪ Tu .... à la banque ?

2) ▪ Benoît .... à l'employée.

3) ▪ Vous .... à Paris ?

4) ▪ Vous .... au restaurant ?

5) ▪ Tu .... au bureau ?

6) ▪ Je .... le nouveau collègue dans la classe.

7) ▪ Elle .... payer par carte bancaire.

8) ▪ Laurent .... le passeport à la cliente.

6. Construction de phrases. 造句。

Faites des phrases avec les mots suivants.

1) ▪ payer – carte de crédit – Mme Desport

2) ▪ demander – vous – prix du billet

3) ▪ préférer – elle – voyager en avion

4) ▪ emmener – Laurent – Benoît – bureau de Nicole

5) ▪ souhaiter – Laurent – la bienvenue – nous

6) ▪ proposer – gâteaux – Nicole – Laurent

7) ▪ visiter – Mme Prévost – l'appartement – Julie

8) ▪ demander – je – sa profession

9) ▪ adorer – Nicole – le café

10) ▪ aider – Annie – Laurent – dans le travail

7. *Tu* ou *vous* ?

Lisez les dialogues et soulignez les mots qui indiquent le vouvoiement ou le tutoiement.

1) ▪ – Salut ! Tu vas bien aujourd'hui ?
– Oui, et toi ?
– Moi, ça va bien.
– Bon, à bientôt.

2) ▪ – Ton amie est là ?
– Oui, elle est dans le salon.
– Viens… Je te présente Valérie.
– Bonjour.

3) ▪ – Entrez, je vous prie.
– Merci.
– Quel est votre nom ?
– Alain Laborde.

8. C'est pour qui ? C'est pour quoi ?

Associez les éléments des deux colonnes.

1) ▪ Le billet d'avion.
2) ▪ Mme Desport est avec Laurent.
3) ▪ Le stagiaire est là.
4) ▪ Le café.
5) ▪ La plaisanterie de Nicole.

a ▪ C'est pour Benoît et son stagiaire.
b ▪ C'est pour aider Benoît.
c ▪ C'est pour Mme Desport.
d ▪ C'est pour souhaiter la bienvenue.
e ▪ C'est pour changer son billet.

9. Impératif.

Qu'est-ce qu'ils disent ? Utilisez l'impératif.

10. Actes de parole.

Associez l'impératif et sa fonction.

1) ▪ Aide-moi. a ▪ S'excuser.
2) ▪ Montrez-moi votre passeport. b ▪ Souhaiter la bienvenue.
3) ▪ Dis-moi *tu*. c ▪ Demander de l'aide.
4) ▪ Excusez-moi. d ▪ Demander de tutoyer.
5) ▪ Soyez le bienvenu. e ▪ Demander une pièce d'identité.

11. *Qui est-ce* ou *qu'est-ce que c'est* ?

Complétez les questions et les réponses.
Exemples : – ... ? – C'est le nouveau stagiaire.
⇨ **– Qui est-ce ? C'est le nouveau stagiaire.**
– ... ? – C'est la nouvelle carte bancaire.
⇨ **– Qu'est-ce que c'est ? – C'est la nouvelle carte bancaire.**

1) ▪ – .... ? – C'est la nouvelle stagiaire.
2) ▪ – .... ? – C'est le bureau de Benoît.
3) ▪ – .... ? – C'est la collègue de Benoît.
4) ▪ – .... ? – C'est la nouvelle machine.
5) ▪ – .... ? – C'est l'employée de la banque.

12. Est-ce que...

Transformez la phrase comme dans l'exemple.
Exemple 1 : Il est étudiant.
⇨ **Est-ce qu'il est étudiant ?**

1) ▪ Tu donnes 1000 euros à ta mère.
....
2) ▪ Vous travaillez dans ce bureau.
....
3) ▪ Elle est chanteuse.
....
4) ▪ Benoît regarde le nouveau stagiaire.
....
5) ▪ Elle adore la cuisine chinoise.
....

Exemple 2 : Tu habites à Paris.

⇨ **Tu habites où ? Où est-ce que tu habites ?**

6) ▪ Vous aidez Pascal.

....

7) ▪ Vous vous appelez Karine.

....

8) ▪ Il paie par chèque.

....

9) ▪ Il regarde la photo du Mont-Saint-Michel.

....

10) ▪ Il entre dans la cuisine.

....

13. Questions-réponses.

Posez des questions à Benoît. Utilisez **est-ce que** *et inventez les réponses.*

Exemple : Vous passez à la banque ?

⇨ **– Est-ce que vous passez à la banque ? – Oui, ce matin.**

1) ▪ Vous habitez où ?

....

2) ▪ Vous travaillez toujours à Europe Voyages ?

....

3) ▪ Comment s'appelle votre stagiaire ?

....

4) ▪ Vous tutoyez vos collègues ?

....

5) ▪ Vos clients paient comment ?

....

6) ▪ Vous avez un remplaçant ?

....

7) ▪ Vos clients sont gentils ?

....

8) ▪ Vous aimez votre travail ?

....

Écriture

14. Ça s'écrit comment ?

Complétez les phrases et mettez les accents. 将下列句子补充完整，并把缺失的音符加上。

1) ▪ Tu .... quel age ?

2) ▪ Vous .... par cheque ?

3) ▪ Depechez ....

4) ▪ Vous .... un probleme ?

5) ▪ Elle .... deja en retard.

15. Notez les renseignements sur votre agenda.

1) ▪ Départ de ...., le ...., à ....

2) ▪ Nom de l'aéroport : ....

3) ▪ Arrivée à ...., le ...., à ....

4) ▪ Nom de l'aéroport : ....

5) ▪ Compagnie : ....

6) ▪ Numéro de vol : ....

1 AIR FRANCE
DE NICE AEROGARE 2
A PARIS ORLY

VOL AF6205 DATE 28SEPTEMBRE FIN ENREGISTREMENT 08H55 DEPART 09H10
CLASSE M
HEURE ARRIVEE 10H35

TYPE D'AVION
DATE 28SEP AIRBUS A320

BON VOYAGE AIR

JOYEUX ANNIVERSAIRE !

Vocabulaire

1. Choisissez un adjectif.

Cochez le bon adjectif.

1) ▪ C'est un garçon ❍ inséparable. ❍ charmante. ❍ timide.
2) ▪ C'est une collègue ❍ gentil. ❍ sympathique. ❍ nouveau.
3) ▪ Son café est ❍ charmant. ❍ belle. ❍ bon.
4) ▪ Annie est un peu ❍ sympathique. ❍ agaçante. ❍ méchant.
5) ▪ Madame Desport est une cliente ❍ propre. ❍ difficile. ❍ délicieuse.
6) ▪ Son travail est ❍ mauvais. ❍ fatigué. ❍ adorable.
7) ▪ C'est un appartement ❍ belle. ❍ mignon. ❍ méchant.
8) ▪ Ces fleurs sont ❍ courageux. ❍ patientes. ❍ splendides.

2. Mots croisés.

Remplissez la grille avec les définitions.

1) ▪ Pour Benoît, c'est le 5 avril.
2) ▪ Il remplace Benoît.
3) ▪ De midi à deux heures.
4) ▪ Dans un bouquet.
5) ▪ Des lettres.
6) ▪ Avec le café.
7) ▪ Qu'elle est bonne !

3. Noms et verbes.

Trouvez les verbes correspondant aux noms suivants.
找出与下列名词对应的动词。

1) ▪ achat ➔ ....
2) ▪ amour ➔ ....
3) ▪ demande ➔ ....
4) ▪ entrée ➔ ....
5) ▪ mérite ➔ ....
6) ▪ offre ➔ ....
7) ▪ préférence ➔ ....
8) ▪ remerciement ➔ ....

Dossier 0

1. Pronoms personnels et toniques.

1) Tu
2) toi
3) Moi – je
4) Tu
5) je
6) lui
7) il
8) Je – Je – vous - vous
9) /
10) moi
11) Vous
12) Lui – il

2. *Être* et *s'appeler*.

1) appelez
2) /
3) m'appelle
4) êtes
5) êtes
6) suis
7) est
8) est

3. Mettez le dialogue en ordre.

1) f 2) a 3) e 4) d 5) c 6) b

4. *Un* ou *une* ?

1) C'est un Français.
2) C'est une étudiante.
3) C'est un acteur.
4) C'est une amie.
5) C'est un Italien.

5. C'est qui ?

1) C'est – est – C'est 2) est – française – actrice
3) C'est – Il est – C'est

6. Homme ou femme ?

1) Il est espagnol.
2) Elle est grecque.
3) Il est français.
4) Elle est canadienne.
5) Il est allemand.
6) Elle est chinoise.
7) Il est japonais.

7. Terminaisons du féminin.

1) canadien*ne*
2) français*e*
3) italien*ne* – act*rice*
4) brésilien*ne* – étudiant*e*
5) espagnol*e*
6) japonais*e*
7) chinois*e*

8. Trouvez les questions.

1) Tu t'appelles comment ?
2) Tu es espagnole ?
3) Tu es étudiante ?
4) Et lui, qui est-ce ?
5) Il est italien ?
6) Il s'appelle comment ?

9. Trouvez les nombres.

71 – 81 – 76 – 51 – 34 – 19 – 99 – 177

10. Comptez.

1) Sept plus huit égale quinze.
2) Onze plus dix égale vingt et un.
3) Douze plus onze égale vingt-trois.
4) Quarante plus quarante et un égale quatre-vingt-un.
5) Cinquante et un plus vingt-trois égale soixante-quatorze.
6) zéro six, soixante-huit, trente-cinq, soixante-douze, vingt-quatre
7) zéro zéro, quatre-vingt-six, vingt et un, soixante-cinq, quatre-vingt-neuf, trente-trois, quarante-quatre
8) zéro zéro, trente-trois, deux, vingt-quatre, quarante-six, cinquante-sept, quatre-vingt-trois

11. Orthographe : *es, est* ou *et* ?

1) et 2) est 3) es 4) est 5) et

Dossier 1 • Épisode 1

1. Chassez l'intrus.

1) un chien 2) un locataire 3) je

2. Quelle est leur profession ?

1) mannequin
2) actrice
3) étudiant
4) journaliste
5) dentiste
6) médecin
7) chanteuse

3. Quelle est leur identité ?

1) Garnier – Alain – française – 25, rue Blanche, à Paris
2) Rodriguez – / – espagnol – 31, rue du Docteur-Roux, à Bordeaux
3) Lamaison – Fernand – canadien – à Montréal

4. Homme ou femme ?

1) H 2) H 3) F 4) H 5) F

5. Le verbe *être*.

1) es
2) êtes
3) est
4) suis
5) êtes
6) es
7) est
8) êtes
9) est
10) es

6. Les pronoms toniques.

1) Moi – toi – Moi
2) toi – Moi
3) lui – Lui
4) Elle – toi/vous – Moi
5) toi/vous – Moi

7. Mettez ensemble questions et réponses.

1) d 2) a 3) b 4) e 5) c

8. *C'est* ou *il/elle est* ?

1) C'est
2) Elle est
3) C'est
4) Elle/Il est
5) il est
6) Il/Elle est
7) c'est
8) c'est
9) C'est – c'est – Elle
10) c'est – Il est
11) C'est – Il est
12) Il est – C'est

9. *C'est* ou *il/elle est* ?

1) elle est
2) c'est
3) C'est
4) elle est
5) c'est
6) Il est
7) c'est

10. Prépositions.

1) Il est dans le salon.

2) Elle est avec une amie.
3) Elle est à Paris.
4) Il est chez le dentiste.

11. Trouvez la question.
1) Quel est ton nom ?
2) Et ton prénom ?
3) Quelle est ta nationalité ?
4) Tu es ingénieur (ou d'autres professions qu'acteur) ?
5) qui est-ce ?
6) Tu habites où ?
7) Quel est ton numéro de téléphone ?/Ton numéro de téléphone, c'est quoi ?

12. Comment ça s'écrit ?
1) b 2) a 3) a 4) b 5) b

13. Quel désordre !
1) a 3) d 5) f 7) g
2) e 4) c 6) b 8) h

Dossier 1 • Épisode 2

1. Quel est le nom de l'objet ?
1) une calculatrice 4) un livre
2) un ordinateur 5) une chaise
3) une cassette vidéo

2. Associez les mots.
1) e 4) a 7) h
2) f 5) d 8) i
3) b 6) c 9) g

3. Quel est le genre des noms ?
Masculin : un cuisinier – un garçon – un prénom – un directeur – un chanteur
Féminin : une agence – une fille – une femme – une profession – une adresse – une actrice
Masculin ou féminin : un/une stagiaire – un/une locataire – un/une secrétaire – un/une dentiste

4. Article défini ou indéfini ?
1) l' 5) le 9) un – l'
2) le 6) un – une – un 10) une – l'
3) une 7) le – la
4) une 8) le

5. Quel est le numéro de la photo ?
1) c 2) d 3) a 4) b

6. Qu'est-ce qu'il/elle a ?
1) Elle aussi, elle a un livre.
2) Lui aussi, il a un appartement.
3) Elle aussi, elle a une grande cuisine.
4) Moi aussi, j'ai un nouveau bureau.
5) Moi aussi, j'ai faim.
6) Moi aussi, j'ai une grande chambre.
7) Lui aussi, il a un professeur gentil.
8) Moi aussi, j'ai une profession intéressante.
9) Moi aussi, j'ai un grand lit.
10) Elle aussi, elle a du travail.

7. *Être* ou *avoir* ?
1) C'est 5) a 9) est 13) est
2) c'est 6) a 10) a 14) est
3) est 7) a 11) est 15) a
4) est 8) est 12) C'est

8. Expressions avec *avoir.*
1) Il a mal à la tête. 3) Elle a faim.
2) Il a chaud. 4) Il a froid.

9. Adjectifs possessifs.
1) ma – ma 3) ta – ma 5) son – son
2) mon – ma 4) ton – ma

10. Articles ou adjectifs possessifs ?
1) l'– son 4) l'– la
2) ton / votre – le – mon 5) Ton / votre– le
3) ta – mon

11. Trouvez les questions.
1) Tu t'appelles / vous vous appelez comment ?
2) Tu as / vous avez quel âge ?
3) Quelle est ta / votre profession ?
4) Tu habites / Vous habitez où ?
5) Tu as / Vous avez un appartement ?
6) Il est où ?
7) Il a quel âge ?
8) Il travaille le samedi ?
9) Quelle est sa profession ?
10) Il est gentil ?

12. Prononciation ouverte ou fermée ?
1) étudiant – profession – prénom – numéro – et – épeler – employé – médecin – représentant – secrétaire – téléphone – chez – compter – habiter – travailler – enchanté – cuisinier – nationalité – rangé – manger – présenter – visiter – café – journée – premier – pressé – à côté – adorer – ajouter – aller – demander – passer – payer – préférer – regarder – souhaiter – tutoyer
2) stagiaire – est – secrétaire – s'appelle – mademoiselle – chef – mère – père – tête – reste – très – chèque – collègue – escale – problème – première – cuisinière

13. Écrivez l'adresse.
1) M. Joseph Dumayet
12, avenue des Gobelins
75013 Paris
2) Mme Aline Puivert
32, avenue Dubouchage
06000 Nice

14. Mettez les photos dans l'ordre.
1) a Julie et Benoît interrogent P.-H. de Latour.
2) d Thierry interroge Julie.
3) e Julie présente Pascal à Benoît.
4) b Julie devant la pendule : il est 6 heures.
5) c Mme Prévost montre la chambre de Pascal.

Dossier 2 • Épisode 3

1. Associez les mots des deux colonnes.
1) c 3) e 5) d 7) f 9) g
2) a 4) b 6) h 8) i

2. Chassez l'intrus.
1) machine 4) bureau
2) renseignement 5) carte bancaire
3) enfin

3. Adverbes.
1) déjà 3) ici 5) sûrement
2) toujours 4) là-bas

4. Qu'est-ce que c'est ?
1) Souligner tous les noms sauf agrafeuse et dossier.
2) a Masculin : stylo – fax – ordinateur
b Féminin : enveloppe – disquette – feuille de papier

5. Conjugaison.
1) passes 4) mangez 7) préfère
2) parle 5) travailles 8) demande
3) habitez 6) emmène

6. Construction de phrases.
1) Mme Desport paye par carte de crédit.
2) Vous demandez le prix du billet.
3) Elle préfère voyager en avion.
4) Benoît emmène Laurent dans le bureau de Nicole.
5) Nous souhaitons la bienvenue à Laurent.
6) Nicole propose des gâteaux à Laurent.
7) Mme Prévost visite l'appartement de Julie.
8) Je demande sa profession.
9) Nicole adore le café.
10) Annie aide Laurent dans le travail.

7. *Tu* ou *vous* ?
1) Tu – toi 3) Entrez – vous – votre
2) Ton – Viens – te

8. C'est pour qui ? C'est pour quoi ?
1) c 2) e 3) b 4) a 5) d

9. Impératif.
1) Entrez. 3) Dépêche-toi.
2) Asseyez-vous. 4) Arrêtez.

10. Actes de parole.
1) c 2) e 3) d 4) a 5) b

11. *Qui est-ce* ou *qu'est-ce que c'est* ?
1) Qui est-ce ? 4) Qu'est-ce que c'est ?
2) Qu'est-ce que c'est ? 5) Qui est-ce ?
3) Qui est-ce ?

12. Est-ce que…
1) Est-ce que tu donnes 1000 euros à ta mère ?
2) Est-ce que vous travaillez dans ce bureau ?
3) Est-ce qu'elle est chanteuse ?
4) Est-ce que Benoît regarde le nouveau stagiaire ?
5) Est-ce qu'elle adore la cuisine chinoise ?
6) Vous aidez qui ? Qui est-ce que vous aidez ?
7) Vous vous appelez comment ? Comment est-ce que vous vous appelez ?
8) Il paie comment ? Comment est-ce qu'il paie ?
9) Il regarde quoi ? Qu'est-ce qu'il regarde ?
10) Il entre où ? Où est-ce qu'il entre ?

13. Questions-réponses.
1) – Où est-ce que vous habitez ?
– J'habite 4 rue du Cardinal-Mercier, dans le 9e.
2) – Est-ce que vous travaillez toujours à Europe Voyages ? – Oui.
3) – Comment est-ce que votre stagiaire s'appelle ?
– Il s'appelle Laurent.
4) – Quels collègues est-ce que vous tutoyez ?
– Je tutoie Nicole et Annie.
5) – Comment est-ce que vos clients payent ?
– Ils payent par chèque ou par carte bancaire.
6) – Est-ce que vous avez un remplaçant ?
– Oui, j'ai un remplaçant.
7) – Est-ce que vos clients sont gentils ?
– Oui, ils sont très gentils.
8) – Est-ce que vous aimez votre travail ?
– Oui, j'aime mon travail.

14. Ça s'écrit comment ?
1) Tu as quel âge ?
2) Vous payez par chèque ?
3) Dépêchez-vous.
4) Vous avez un problème ?
5) Elle est déjà en retard.

15. Notez les renseignements sur votre agenda.
1) Départ de Nice, le 28 septembre, à 9 h 10
2) Nice Aérogare 2
3) Arrivée à Paris, le 28 septembre, à 10 h 35
4) Paris Orly
5) Air France
6) AF6205

1. Choisissez un adjectif.

1) timide
2) sympathique
3) bon
4) agaçante
5) difficile
6) mauvais
7) mignon
8) splendides

2. Mots croisés.

1) anniversaire
2) stagiaire
3) déjeuner
4) fleur
5) courrier
6) gâteau
7) idée

3. Noms et verbes.

1) acheter
2) aimer
3) demander
4) entrer
5) mériter
6) offrir
7) préférer
8) remercier
9) souhaiter
10) voir
11) remplacer
12) plaisanter

4. Pluriel des verbes.

1) a êtes
b sont
c avez
d sont
e sommes
f ont
g sont
h avons
i sont
j ont
k a
l ont
m êtes
n avons

2) a Ils habitent…
b Vous offrez…
c Nous travaillons…
d Elles aiment…
e Ils mangent…

5. Mettez au pluriel.

Ce sont des jeunes filles sympathiques. Elles travaillent dans des agences de voyages. Elles plaisantent avec les collègues de bureau. Elles tutoient les responsables des services. Elles ont toujours de bonnes idées : offrir de beaux bouquets pour les anniversaires, faire de bons gâteaux, faire des plaisanteries gentilles. On aime (Les gens aiment) bien des jeunes filles aussi aimables et sérieuses.

6. Genre et place des adjectifs.

1) bonne
2) beau
3) sympathique
4) grand/Petit
5) bon
6) sérieux
7) nouvelle
8) petit / grand
9) difficile

7. C'est quand ?

1) C'est le 5 avril.
2) Pour des anniversaires.
3) C'est le…
4) C'est le…
5) C'est au mois de…/C'est en…

8. Masculin, féminin.

1) C'est un garçon gentil.
2) C'est un jeune homme sérieux.
3) Il a un bon ami.
4) Nous avons un nouveau stagiaire.
5) Il a un beau chien.
6) Notre professeur est canadien.
7) Ce journaliste est courageux.
8) Il a trois grands frères et un petit frère.

9. Négation et pronoms toniques au pluriel.

1) Non, elles, elles n'offrent pas de fleurs.
2) Non, eux, ils ne mangent pas de gâteaux le dimanche.
3) Non, eux, ils n'ont pas d'amis.
4) Non, elles, elles ne travaillent pas dans une grande agence.
5) Non, nous, nous n'achetons pas de billet.
6) Non, nous, nous ne passons pas à la banque le jeudi.

10. Forme négative de l'impératif.

1) Non, ne payez pas par chèque.
2) Non, ne plaisantez pas avec les clients.
3) Non, ne pose pas les lettres sur le bureau.
4) Non, n'emmène pas le stagiaire dans le bureau.
5) Non, n'achète pas de fleurs pour Benoît.
6) Non, ne mangez pas ces gâteaux avec les doigts.
7) Non, ne pars pas tout de suite au travail.
8) Non, ne répétez pas après moi.
9) Non, n'écrivez pas ces mots sur le papier.
10) Non, ne faites pas ces exercices ce soir.

11. *Quel,* adjectif exclamatif.

1) Quel stagiaire timide !
2) Quels bons gâteaux !
3) Quelle amie patiente !
4) Quels collègues sympathiques !
5) Quelle bonne idée !

12. *On,* pronom indéfini.

1) On n'achète pas de fleurs à un homme.
2) On offre des cadeaux à Noël.
3) On a faim quand on est jeune.
4) On ne tutoie pas les clients.
5) On est heureux d'avoir des amis.
6) Quand on mange, on ne parle pas.
7) Quand on est bébé, on pleure souvent.
8) Quand on est content, on est souriant.
9) Quand on a un téléphone portable, on parle à petite voix.

13. Lettres muettes.

1) Il aim**e** le**s** livr**es**.
2) Tu parl**es** beaucou**p**.
3) Te**s** vacanc**es** son**t** fini**es** ?
4) Se**s** gâteau**x** son**t** bon**s**.
5) Il**s** n'on**t** pa**s** l**e** tem**ps**.
6) Le**s** hom**mes** aussi aim**ent** le**s** fleur**s**.
7) Commen**t** s'appell**ent**-il**s** ?
8) Il fau**t** sortir s'amuser quand il fai**t** beau.
9) Quel**s** beau**x** bouque**ts** !

10) Nous sommes invités à dîner chez nos amis dans leur maison de banlieue.

14. Écrivez une carte de vœux.
Réponse libre.

Révision 1

1. Formez des paires.
le bouquet et la fleur – la lettre et le courrier – le salon et la cuisine – la fête et l'anniversaire – le nom et le prénom – la mère et le père – le chèque et la carte bancaire

2. Tranformez.
1) a Elle est française, elle est jeune, elle sérieuse.
b C'est une belle Italienne. Elle a une bonne amie espagnole.
c Je suis heureuse de souhaiter la bienvenue à notre nouvelle stagiaire.
d Ma voisine a une chienne verte et intelligente chez elle.
2) a Ils sont français, ils sont jeunes, ils sont sérieux.
b Ce sont de beaux Italiens. Ils ont de bons amis espagnols.
c Nous sommes heureux de souhaiter la bienvenue à nos nouveaux stagiaires.
d Mes voisins ont des chiens verts et intelligents chez eux.

3. Trouvez les questions.
1) Où est-ce que vous habitez ? / Tu habites où ?
2) Quel est ton / votre numéro de téléphone ?
3) Où est-ce que vous travaillez ? / Tu travailles où ?
4) C'est pour quoi ?
5) C'est pour qui ?
6) C'est qui là-bas ? / Qui est-ce ?
7) Quel âge vous avez? /Quel âge tu as?
8) Quelle est votre / ta nationalité ?

Dossier 3 • Épisode 5

1. Chassez l'intrus.
1) souvent (car c'est le seul adverbe)
2) musique
3) manger (car il ne correspond pas à une activité intellectuelle)
4) photo 6) bien 8) étudier
5) tennis 7) triste

2. Retrouvez les mots.
1) études 5) jeux
2) enquête 6) se décourage
3) invite 7) expositions
4) musique – joue 8) campagne

3. De quoi est-ce qu'ils ont l'air ?
1) gentil 4) malheureux
2) heureux 5) méchant
3) gai 6) triste

4. Posez des questions avec *faire*.
1) Est-ce qu'il font du sport / beaucoup de sport ?
2) Qu'est-ce qu'elle fait ?
3) Est-ce que tu fais/vous faites souvent du tennis ?
4) Qu'est-ce que vous faites tous les jours ?
5) Quelles études est-ce qu'elles font à la fac ?
6) Est-ce qu'elle fait de la musique pendant le week-end ?
7) Qu'est-ce que tu fais tous les soirs ? / Qu'est-ce que vous faites tous les soirs ?
8) Qui fait le ménage ?

5. *À* et *de* + articles.
1) au – aux 3) de la – du 5) au – au
2) du – de la 4) de la – de la

6. Présent de *lire*.
1) lis 3) lisent 5) lisons
2) lis 4) lisez 6) lit

7. *Ne pas faire de...*
1) ... je ne fais pas d'études.
2) ... vous ne faites pas de théâtre.
3) ... nous ne faisons pas de vélo.
4) ... tu ne fais pas de sport.
5) ... il ne fait pas de danse.
6) ... ne font pas de bricolage.
7) ... ne fait pas de jardinage.
8) ... ne fais pas de course le week-end.

8. Présent d'*aller*.
1) vas 3) allez 5) vont
2) vais 4) allons

9. Qu'est-ce qu'ils font ?
Réponses possibles :
1) Il joue du piano. Il écoute la radio.
2) Elle fait du judo, de la moto et de la natation.
3) Elle va au théâtre. Elle fait du cinéma. Elle écrit un roman.

10. Conjugaison.
allons – lis – écris – faisons – vais – font – jouent – fais – vas – Écris – dis

11. Depuis quand ?
1) Depuis 86 ans.
2) Depuis 106 ans.
3) Depuis 116 ans.
4) Depuis 49 ans.
(Les chiffres ci-dessus sont valables pour l'an 2005.)
5) Depuis 20 ans (selon votre âge).
6) Depuis une heure (selon la situation).
7) Depuis trois ans.

8) Depuis toujours.

12. Liaisons.
1) Vous allez – en Allemagne – en avion ?
2) vont au – pas aujourd'hui. (Ces deux liaisons sont facultatives, elles se font rarement en langage parlé.)
3) es espagnol
4) un appartement – en Italie

13. Résumé.
Réponse libre.

14. Demande de renseignements.
Réponse libre.

Dossier 3 • Épisode 6

1. Couleurs.
1) c 2) d 3) a 4) e 5) b

2. Connaissez-vous ces expressions ?
1) b 2) e 3) d 4) a 5) c

3. Nations et nationalités.

1) h	4) c	7) f	10) l
2) b	5) a	8) g	11) j
3) d	6) e	9) k	12) i

4. Dans quels pays sont ces villes ?

1) c	3) b	5) d	7) h
2) e	4) f	6) a	8) g

5. Masculin, féminin.

Même forme	*+ e*	*-ien, -ienne*
suisse	argentin(e)	colombien(ne)
russe	suédois(e)	brésilien(ne)
	hollandais(e)	autrichien(ne)
	allemand(e)	
	irlandais(e)	
	polonais(e)	
	danois(e)	

-ain, -aine	-c, *-(c)que*
mexicain(e)	grec, grecque
américain(e)	turc,turque

6. Prépositions et nationalités.
1) en – Ils habitent en Autriche. Ils viennent d'Autriche. Ils sont autrichiens.
2) en – Vous habitez en Grèce. Vous venez de Grèce. Vous êtes grec(s) / grecque(s).
3) au – Elles habitent au Danemark. Elles viennent du Danemark. Elles sont danoises.
4) aux – Tu habites aux États-Unis. Tu viens des États-Unis. Tu es américain(e).
5) en – Nous habitons en Angleterre. Nous venons d'Angleterre. Nous sommes anglais/ anglaises.
6) en – J'habite en Chine. Je viens de Chine. Je suis chinois(e).
7) en – Elle habite en Turquie. Elle vient de Turquie. Elle est Turque.
8) en – Nous habitons en Allemagne. Nous venons d'Allemagne. Nous sommes allemands (allemandes).
9) au – Céline Dion habite au Canada. Elle vient du Canada. Elle est canadienne.
10) en – Il habite en France. Il vient de France. Il est français.

7. *Venir.*

1) viens	3) vient	5) venez
2) viens	4) venons	6) viennent

8. Groupe du nom.
1) un beau chemisier en soie rose
2) une longue ceinture en cuir noir
3) un grand sac en plastique rouge
4) un vieux pull bleu en laine
5) des chaussures neuves en cuir marron

9. Adjectifs possessifs.
son – sa – ses
son – sa
son – sa – ses
sa

10. *Finir, partir* et *sortir.*
1) À quelle heure/Quand est-ce que vous sortez ?
2) Quand est-ce qu'il part ?
3) À quelle heure/Quand est-ce que tu finis /vous finissez de travailler ?
4) Est-ce qu'elles sortent ce soir ?
5) Quand est-ce que vous partez en vacances ?
6) Est-ce qu'elle finit son travail avant de partir ?
7) Tu pars/ Vous partez à 8 heures ?
8) Est-ce que tu sors/vous sortez du bureau à 5 heures ?
9) Le cours finit quand/ à quelle heure ?
10) Quand est-ce que vous partez pour la France ?

11. Adjectifs possessifs au pluriel.
1) vos – nos
2) leurs – nos
3) Vos – notre
4) Vos/Nos – votre
5) leurs – leurs

12. Place des adjectifs.
1) C'est la jeune femme brune avec le chemisier rose.
2) C'est la grande jeune femme brune avec le pull bleu et le manteau noir.
3) C'est la jolie jeune femme avec le manteau et le pull marron.
4) C'est le jeune homme brun avec le costume gris et la chemise bleue.

13. Orthographe.
1) là – as – la 2) ou 3) a – la

4) la – là – la   5) ou – Où

14. Qu'est-ce qu'il se passe ?
Réponse libre.

15. Écrivez à votre correspondant.
Réponse libre.

Dossier 4 • Épisode 7

1. Associez les mots et les expressions.
1) d – On prend le RER dans une station de métro.
2) a – On change de l'argent à la/dans une banque.
3) e – On déjeune au restaurant.
4) c – On se renseigne au bureau d'information.
5) b – On achète un journal/des journaux chez le marchand de journaux.
6) g – On achète des légumes au marché.
7) f – On achète un billet d'avion/des billets d'avion dans une agence de voyages.
8) i – On travaille au bureau.
9) h – On fait une enquête/des enquêtes dans la rue.
10) j – On vend des créations dans une boutique.

2. Vocabulaire des transports.
1) embouteillage   6) métro
2) moto   7) transport
3) taxi   8) avion
4) information   9) lignes
5) autobus

3. Mélanges de couleurs.
1) du rouge   2) le bleu
3) du jaune – on fait
4) jaune – le rouge – donnent
5) Le rouge et le blanc donnent du rose.

4. *Aller.*
vont – vont – allez – vais – vas

5. Prépositions + moyens de transport.
1) Il va au Blanc-Mesnil à/en moto.
2) Elle va au centre de Paris en bus ou en métro.
3) Ils vont en banlieue en RER.
4) Il repart à Montréal en avion.
5) Ils viennent de province en train ou en voiture.

6. Présent de *prendre* et de *mettre*.
1) prennent   5) prenons   9) prenez
2) mets   6) mets   10) prennent
3) prend   7) Prenez
4) mettent   8) met

7 Trouvez la question.
Réponses possibles:
1) Savez-vous s'il y a des embouteillages ?/
Je me demande s'il y a des embouteillages.
2) Vous savez si toutes les lignes fonctionnent ?/
Je me demande si toutes les lignes fonctionnent.
3) Sais-tu comment il va au bureau ?/
Je me demande comment il va au bureau.
4) Sais-tu où est Pascal ?/
Je me demande où est Pascal./
Sais-tu ce que fait Pascal ?/
Je me demande ce que fait Pascal.
5) Vous savez à quelle heure elle déjeune ?/
Je me demande à quelle heure elle déjeune.
6) Je me demande où tu prends le train.
7) Vous savez où il apprend le français ?/
Je me demande où il apprend le français./
Vous savez ce qu'il fait à Pékin ?/
Je me demande ce qu'il fait à Pékin.
8) Vous savez quand sa mère part ?/
Je me demande quand sa mère part.
9) Vous savez s'il y a un bureau de poste par ici ?
10) Je me demande si vous êtes professeur.

8. *Si* + proposition principale à l'impératif.
1) c   2) e   3) d   4) a   5) b

9. *Il y a.*
1) P   2) D   3) P   4) E   5) D   6) E

10. *Il y a, il n'y a pas.*
1) Il y a une grève, mais il n'y a pas trop de perturbations.
2) Il y a un bus sur quatre, mais il n'y a pas de métro.
3) Il y a beaucoup de circulation, mais il n'y a pas d'embouteillages.
4) Il y a des informations à la radio, mais il n'y a pas de journaux.
5) Il y a des problèmes, mais il n'y a pas de solution.
6) Il y a des enveloppes, mais il n'y a pas de timbre.
7) Il y un vélo, mais il n'y a pas de voiture.
8) Il y a beaucoup d'auberges, mais il n'y a pas de grand hôtel.

11. *Depuis, il y a... que.*
1) Il y a des mois que les trois amis vivent dans le même appartement.
2) Il y a deux semaines qu'on parle de ces grèves.
3) Il y a une semaine que Pascal connaît François.
4) Il y a une demi-heure que Pascal attend le directeur.
5) Il y a deux jours déjà qu'il n'y a plus de trains.
6) Il y a 3 ans que nous habitions à Paris.
7) Il y a un mois que Julie travaille ici.
8) Il y a une semaine que son grand-père est malade.

12. Orthographe.

o	ô	ot	os	au
vélo moto numéro	pôle	mot	dos gros	au

aud	aut	aux	eau	eaux
chaud	défaut	faux	bureau nouveau manteau chapeau	beaux gâteaux

13. Elle demande de l'aide.

Agenda d'Aline

9 h Gérard.
9 h 30 Dentiste, porte Maillot.
12 h 30 Déjeuner avec un client, Champs-Élysées.
15 h 30 Réunion.
17 h 35 Maman, gare de l'Est.

Agenda de Gérard

9 h Aline.
13 h Déjeuner avec François, Quartier latin.
15 h Mme Marchand, visite de l'appartement.
18 h Cinéma avec Michelle, 13e.

Dossier 4 • Épisode 8

1. Chassez l'intrus.

1) souvent 2) exagérer
3) sympa (seul trait de caractère)
4) surveiller

2. Phrases incomplètes.

1) garé 4) bibliothèque
2) repas 5) sous-sol
3) indemnités

3. Quels verbes leur correspondent ?

1) a exagérer e organiser
b installer f fonctionne
c remplacer g rémunérer
d renseigner
2) a Masculin b Féminin

4. Il y a des choses à faire.

1) trouver 3) faire 5) organiser
2) donner 4) suivre

5. Participe passé et infinitif.

1) apprendre 5) avoir 9) partir
2) sortir 6) prendre 10) mettre
3) ouvrir 7) être 11) écrire
4) attendre 8) faire 12) lire
13) vendre 15) comprendre 17) voir
14) finir 16) suivre

6. Passé composé avec *avoir*.

1) a rencontré 5) a rencontré
2) a expliqué 6) a pris
3) ont visité 7) a retrouvé – ont parlé
4) a vu

7. Passé composé.

1) ont révolutionné – a roulé – a fait
2) ont eu lieu 4) a construit
3) a lancé 5) a proposé

8. Plusieurs fois par semaine !

Réponses possibles.

1) Il va au centre deux ou trois fois par semaine.
2) Si, je vais au cinéma… fois par mois.
3) Oui, ils vont visiter les expositions… fois par an.
4) Si, je vais faire du sport… fois par…
5) Oui, elles vont faire des courses… fois par semaine.
6) Non, je n'ai jamais rencontré maggie Cheung dans la rue.
7) Je fête mon anniversaire une fois par an.
8) Si, ils font le ménage chez eux… fois par…

9. *Aller* + infinitif.

1) vas faire – vais aller
2) allez voir – va acheter
3) vont jouer – vont s'entraîner
4) va sortir – allons faire
5) vas garer – vais garer

10. Passé composé, futur proche.

1) Réponse possible : Hier, j'ai pris l'autobus à 8 heures et demie et j'ai mis une demi-heure pour aller au bureau. J'ai lu mon courrier, j'ai répondu aux lettres.
À midi, j'ai déjeuné à la cafétéria, puis j'ai fait un peu de gymnastique. J'ai recommencé à travailler à deux heures, j'ai donné des coups de téléphone, j'ai parlé avec mes collègues, j'ai envoyé des fax, j'ai fait des photocopies et j'ai fini mon travail à 5 heures.
2) Demain – je vais prendre – je vais mettre – je vais lire – je vais répondre – je vais déjeuner…
3) et 4) Réponses libres.

11. Dites que si.

1) – Pascal n'a pas mis une heure pour aller au Blanc-Mesnil ?
– Si, il a mis une heure.
2) – Pascal n'a pas été animateur ?
– Si, il a été animateur.

3) – Pascal et Isabelle n'ont pas visité les ateliers du centre ?
   – Si, ils ont visité…
4) – Isabelle n'a pas présenté les animateurs à Pascal ?
   – Si, elle a présenté…
5) – M. Fernandez n'a pas trouvé de solution ?
   – Si, il a trouvé…

12. Exprimez-vous.
1) ①a ②f ③c ④h ⑤b ⑥d ⑦e ⑧g
2) et 3) Réponses libres.

Révision 2

1. Formez des paires.
la circulation et l'embouteillage
l'immeuble et le bâtiment
le cuir et la ceinture
le cinéma et le théâtre
le métro et le RER
le musée et l'exposition
le jardin et la campagne
le pantalon et le pull

2. Répondez affirmativement.
1) Si, j'ai pris le métro ce matin.
2) Oui, j'ai téléphoné ce matin.
3) Si, on a réparé ma voiture.
4) Si, je vais chez les Cartier ce soir.
5) Si, on l'a dit.
6) Oui, elles vont en Inde pendant les vacances.

3. Qu'est-ce qu'on dit dans ces situations ?
1) Il est très beau ce tableau./Quel beau tableau !
2) Elle est très jolie ta robe./Quelle belle robe !
3) Excusez-moi, j'ai un rendez-vous.
4) J'aime faire du sport, écouter de la musique...
5) Non, merci. Ils sont très bons, vos gâteaux, mais je n'ai plus faim.
6) Oui, avec plaisir. Mais je ne suis pas disponible pour le moment.

4. Conjugaison.
1) prenons – lisons – mettons – prenons – attendons – mettons – travaillons – partons – revenons – sortons
2) Réponse libre.

5. Qu'est-ce qu'ils ont fait ?
1) a fait – avons joué – avons déjeuné – avons visité – avons acheté – avons rencontré – avons pris – avons parlé – avons quitté – avons mis
2) Réponse libre.

6. Quelles sont les prépositions ?
1) du – en   4) de – au   7) à – en
2) en – en   5) de – à   8) de – en
3) des – à   6) à – en

Dossier 5 • Épisode 9

1. Quel est le contraire ?
1) partir   4) se coucher   7) venir
2) sortir   5) oublier   8) méconnaître
3) monter   6) s'habiller

2. Chassez l'intrus.
1) dormir (n'est pas un verbe pronominal)
2) danser (correspond à une action inhabituelle et non quotidienne)
3) mois (seul nom de la liste)
4) curieuse (correspond à un trait de caractère et non à un trait physique)

3. Reconnaissance du genre des noms.
1) a V   f C   k C   p C
   b C   g V   l V   q V
   c V   h C   m C   r C
   d V   i V   n V   s V
   e V   j V   o C   t C
   a masculin   b féminin
2) a masculin   b féminin

4. Exprimez le temps.

Hier	Aujourd'hui	Demain
hier matin	ce matin	demain matin
hier après-midi	cet après-midi	demain après-midi
hier soir	ce soir	demain soir

5. Passé composé avec *être*, accord du participe.
1) Claire est sortie à 7 heures du matin.
2) Elle est allée à la gare en métro.
3) Elle est arrivée à la gare à 8 heures moins le quart.
4) Les gens sont descendus du train.
5) Elle a attendu seule sur le quai de la gare. Tous les autres sont partis. Son amie n'est pas venue.
6) Elle est rentrée chez elle à 8 heures et demie.
7) Son amie a téléphoné : elle est tombée, elle a le bras bandé, elle est restée chez elle.

6. Passé composé avec *avoir* ou *être*, accord du participe.
Texe 1
se sont habillées – se sont préparées – se sont assises – ont pris – ont parlé – ont attendu – est venu – se sont inquiétées – ont téléphoné

– a répondu – ont passé
Texte 2
avons fini – sommes sortis – avons pris – sommes rentrés – avons mis – a préparé – ai lu – nous sommes couchés – me suis endormi

7. Participe passé des verbes pronominaux.
1) a s'occuper de b se tutoyer c s'habiller d se renseigner e se lever f se rencontrer g s'asseoir h se voir
2) L'auxiliaire *être*.
3) Le participe passé s'accorde avec le sujet quand le verbe admet un COD.

8. Accord du participe passé.

1) levés	3) préparés	5) descendues
2) maquillée	4) mise	6) servis

9. La cause et le but.
1) Pour aller chercher quelqu'un./Parce que je vais chercher quelqu'un.
2) Parce que c'est sa première visite à Paris.
3) Pour visiter des jardins et des parcs./Parce qu'il veut visiter des jardins et des parcs.
4) Pour faire une étude./Parce qu'il fait une étude.
5) Pour organiser un voyage de paysagistes. / Parce qu'il veut organiser...

10. Réponse avec *si*.
1) Si, nous sommes rentrées après minuit.
2) Si, je vais danser tous les samedis soirs.
3) Si, je sors avec Michel, mais il est en voyage.
4) Si, il va revenir dans une semaine.
5) Si, elle a fêté ses créations avec des amis.
6) Si, Pierre a fini ses devoirs à 9 heures du soir.

11. *Oui, si* ou *non* ?
1) Si, je me suis réveillée à 7 heures. Pourquoi ?
2) Non, je suis allée chercher ma fille à l'aéroport.
3) Si, je l'ai dit.
4) Oui, je viens travailler.
5) Non.

12. Envoyer un fax.
Réponse libre.

Dossier 5 • Épisode 10

1. Associez les mots.

1) d	3) e	5) a	7) h	9) f
2) b	4) c	6) i	8) j	10) g

2. Mots croisés.

1) bassin	4) plantes	7) hectare	10) serre
2) château	5) vallée	8) bâtiment	
3) pelouse	6) terrain	9) allée	

3. Adverbes en opposition.
1) derrière la maison
2) sous la table
3) à gauche de la serre
4) du côté droit du jardin
5) au-dessus de la porte
6) au-dehors de la chambre
7) à la fin de l'année
8) derrière le bureau
9) là

4. Présent de *pouvoir*.
Réponses possibles :
1) Est-ce qu'on peut se promener dans les allées ?
2) Nous pouvons nous promener sur les pelouses ?
3) Nous pouvons visiter le musée et les serres ?
4) Je ne peux pas prendre de photos ?
5) Elles peuvent venir avec leur chien ?

5. *Savoir* ou *connaître* ?
1) Ils savent/connaissent la réponse.
2) Il connaît le chemin.
3) Il sait utiliser un ordinateur.
4) Ils se connaissent.

6. *Savoir, pouvoir* ou *connaître* ?

1) savez	5) savez	9) pouvons
2) connaissez	6) pu	10) savent
3) peut	7) connaît	
4) pouvez	8) sais	

7. Futur simple.
Réponses possibles :
1) Lui, il le passera dans deux ans.
2) Lui, il aura une voiture dans trois ans.
3) Lui, il sortira seul l'année prochaine.
4) Lui, il fera de la guitare cette année.
5) Lui, il visitera la ville de Paris le mois prochain.
6) Lui, il prendra le dîner dans une heure.

8. Futur simple.
ressemblera – présenterons – organiserons – viendront – pourront – auront – sera – pourrez

9. Adjectifs démonstratifs.
cette (3) – ce (3) – ce (1) – ces (3) – ce (1) – Cet (2) – ces (1) – ces (1) – ce mois-ci (3)

10. Adverbes de temps.
1) On a ouvert ce parc en 1892. On a ouvert ce parc il y a... années.
2) On a construit ces jets d'eau en 1900. On a construit ces jets d'eau il y a... années.
3) On a planté ces fleurs en mai. On a planté ces fleurs il y a... mois.
4) On a installé ces serres en novembre. On a installé ces serres il y a... mois.

5) On a planté l'arbre à l'entrée du jardin en 1999.
On a planté l'arbre à l'entrée du jardin il y a... mois.

11. Combien de fois ?
1) C'est la quatrième fois qu'elle visite ce musée.
2) C'est la première fois qu'ils se rencontrent.
3) C'est la cinquième fois que je vois ces serres.
4) C'est la deuxième fois qu'elles visitent ce parc.
5) Non, c'est la dernière fois que je viens ici.

12. Le règlement du parc.
Réponse libre.

13. Écrivez un résumé.
1) ①f ②a ③e ④h ⑤c ⑥g ⑦d ⑧b
2) et 3) Réponses libres.

Dossier 6 • Épisode 11

1. Distinguez les genres.
Mot masculin : pain – produit – boulanger – feu – ami – jeu – objet – doigt
Mot féminin : reine – vente – méthode – règle – baguette

2. Masculin, féminin.

1) vendeuse	7) volontaire
2) boulanger	8) fille
3) artiste	9) dentiste
4) créateur	10) bouchère
5) animateur	11) actrice
6) spécialiste	12) remplaçante

3. Opposez-les.
1) lent/rapide – ennuyeux/intéressant – difficile/facile – gentil/méchant – vieux / jeune – mince/gros – agréable/désagréable –fort/faible
2) a Ce n'est pas très facile.
b Ce n'est pas très agréable.
c Elle n'est pas très jeune.
d Ce n'est pas très intéressant.
e Il n'est pas très rapide dans son travail.
f Il n'est pas très fort en mathématiques.
g Elle n'est pas très gentille.

4. Vouloir.

1) veux – veux	3) veulent – veulent
2) voulez – veux	4) veux

5. Vouloir + COD ou infinitif.
1) Elle veut un foulard.
2) Vous voulez téléphoner à vos amis ?
3) Ils veulent lire le journal.
4) Tu veux une moto.
5) Nous voulons commencer le stage.
6) Elles veulent deux baguettes.
7) Je veux organiser une soirée.
8) Il veut réserver un billet d'avion.

6. *Vouloir* ou *pouvoir* ?

1) pouvez	5) peut
2) voulez	6) voulez
3) veut	7) veux
4) peux – pouvez – voulez	

7. *Me, te, nous, vous.*
te – m' – te – te – nous – m' – t'

8. Complément d'objet direct + infinitif.
1) Nous allons les aider.
2) Nous allons les revoir.
3) Je vais l'appeler.
4) Oui, je vais la suivre.
5) Oui, il faut la regarder.
6) Oui, nous voudrons le faire.
7) Je vais l'envoyer.
8) Oui, il faut insister.
9) Je vais les fermer.
10) Il faut les vendre.

9. Place et accord du COD avec le passé composé.
1) Oui, elles les ont suivis.
2) Oui, elle les a apportés.
3) Oui, elles les ont revues.
4) Oui, elles les ont apprises.
5) Oui, il les a trouvés.
6) Nous l'avons apprise.
7) Oui, il les a finis.
8) Oui, il l'a réparée.

10. *Il faut, on doit* + infinitif.
Réponses possibles :
1) il faut/on doit arriver à l'heure.
2) il faut demander son chemin.
3) on doit bien connaître les règles de la vente.
4) il faut s'excuser.
5) on doit étudier.
6) on ne doit pas faire du bruit.
7) il faut le noter sur l'agenda.
8) on doit lire beaucoup d'annonces dans le journal pour trouver un poste.

11. Sens différents.

1) c	3) b	5) d	7) e
2) a/c	4) e	6) c	8) d/e

12. *De* + adjectif + nom pluriel.

1) de	3) des	5) des	7) des
2) de	4) de	6) de	8) de

13. Orthographe.
Réponses possibles:

1) faut	4) vous	7) mois
2) mer	5) fois	8) coûte
3) ville	6) froid	9) lire

14. Créez une annonce publicitaire.
Réponse libre.

Dossier 6 • Épisode 12

1. Une boutique de mode.
articles – fournisseurs – modèles – vitrine – objets – un coup d'œil – accessoires – boucles d'oreilles – plaisent

2. Quel est le genre de ces noms ?

1) F	5) F	9) F	13) F
2) M	6) F	10) F	14) F
3) F	7) F	11) M	15) M
4) M	8) M	12) M	

Si le nom se termine par un son de voyelle, il est en général masculin.
Si le nom se termine par un son de consonne, il est en général féminin.
Trois noms ne suivent pas cette règle : parfumerie, boucherie et plaisir.

3. Chassez l'intrus.
1) au coin de (ne se rapporte pas à un thème)
2) parfumerie (n'est pas une boutique d'alimentation)
3) expliquer à (n'exprime pas une opinion)
4) coup d'œil (n'est pas un objet)
5) au sujet de (n'indique pas une orientation)
6) merveille (ne désigne pas une personne)

4. Trouvez le verbe correspondant.

1) correspondre	6) garer
2) déménager	7) parfumer
3) intéresser	8) tourner
4) plaire	9) visiter
5) fournir	10) créer

5. Complément d'objet indirect.
1) Oui, je vais leur donner cette adresse.
2) Oui, je vais vous/te montrer ces modèles.
3) Oui, je vais leur envoyer ces brochures.
4) Oui, je vais lui acheter ces boucles d'oreilles.
5) Oui, je vais vous montrer cet ordinateur.
6) Oui, je vais leur télépohoner ce soir.
7) Oui, je vais te raconter cette histoire.
8) Oui, je vais vous vendre ces merveilles.

6. Complément d'objet indirect.
2) leur 4) leur 6) lui 7) vous 9) nous 10) m'

7. Compléments d'objet direct et indirect.
eux – leur – leur – leur
vous – vous – les – vous – les – vous

8. *Quelqu'un ≠ ne... personne, quelque chose ≠ ne... rien.*
1) Non, je ne veux rien.
2) Non, je n'ai vu personne.
3) Non, je n'ai rien acheté.
4) Non, je ne veux voir personne.
5) Non, je n'ai rien à vous montrer.
6) Non, je ne vais vous présenter personne.
7) Non, je n'ai rien entendu.
8) Non, il n'y a personne à la maison.
9) Non, il n'a rien à vous demander.
10) Non, il n'a aidé personne.

9. Prépositions de lieu.

1) Derrière	4) derrière	7) Au bout de
2) Devant	5) à côté de	8) au coin de
3) En face de	6) entre	

10. *Je pense, je crois que...*
Réponse possible:
1) La patronne pense que ce collier lui va bien.
2) Les artistes pensent qu'ils peuvent leur faire plaisir.
3) Je crois qu'elle l'intéresse.
4) Vous pensez qu'ils attirent leur attention ?
5) Nous pensons qu'elle les trouve à son goût.

11. Un parmi d'autres.
1) Voilà un de nos amis.
2) Voilà une de vos trois vendeuses.
3) Voilà un de ses objets.
4) Voilà un de leurs fournisseurs.
5) Voilà un de ses foulards.
6) Voilà un des magasins.
7) Voilà un de ses stylos.
8) Voilà un de nos livres.

12. Orthographe et prononciation.
1) b patronne [ɔ] — h méthode [ɔ]
d modèle [ɛ] — i règle [ɛ]
e pièce [ɛ] — j poste [ɔ]
f jeune [ø]
2) a intéresser — g règle
c méthode — j téléphone
f achète

13. Résumez l'épisode.
1) d 2) b 3) e 4) c 5) f 6) a

Révision 3

1. Combien de fois?
Réponses possibles :
1) Je suis allé(e) trois fois au théâtre l'année dernière.
2) Je fais des courses toutes les semaines.
3) Je suis allé(e) cinq fois à l'étranger.
4) Je travaille tous les jours de 9 heures à 18 heures.
5) Je n'ai jamais pris l'avion.

6) Oui, je lis souvent, je lis 5 livres tous les mois.
7) Oui, j'ai des cours tous les jours du lundi au vendredi.
8) Oui, je téléphone souvent à mes parents, 3 fois par semaine.
9) Non, je ne fais pas de sport tous les soirs.
10) J'ai vu déjà deux fois ce film.

2. Pronoms compléments.

1) Oui, je peux le rappeler.
2) Si, je vais lui dire.
3) Oui, je vais leur parler.
4) Non, nous ne pouvons pas les aider.
5) Oui, elle peut les faxer.
6) Oui, je vais vous les présenter.
7) Oui, je vais vous leur présenter.
8) Non, elle ne veut pas les inviter à dîner.
9) Oui, je leur écris souvent.
10) Oui, il le connaît très bien.

3. Pronoms compléments et participe passé.

1) la
2) l' – rencontrée – lui – parlé
3) la – se
4) lui – téléphoné
5) la
6) les
7) elles
8) leur
9) les – leur

4. Adjectifs démontratifs.

1) ce
2) ce – ces
3) ce – cette
4) cet
5) ce
6) cette – ce – ce

5. *Connaître, savoir* ou *pouvoir* ?

1) connaît – sait
2) sais – connais – sais
3) connaissez – sais
4) sais – peux – connais
5) peut / sait – sait
6) connais – peux
7) savez – peux
8) connaît – sait – peut

9) ▪ souhait → ....
10) ▪ vue → ....
11) ▪ remplacement → ....
12) ▪ plaisanterie → ....

Grammaire

4. Pluriel des verbes.

1) Complétez avec le pluriel de ***avoir*** *et* ***être****.*

a ▪ Vous .... inséparables.
b ▪ Elles .... jalouses.
c ▪ Vous .... le temps.
d ▪ Elles .... finies, les vacances.
e ▪ Nous .... en retard.
f ▪ Ils .... de belles fleurs.
g ▪ Ils .... très bons, vos gâteaux.
h ▪ Nous .... des ordinateurs.
i ▪ Elles .... bonnes amies.
j ▪ Ils .... une nouvelle stagiaire.
k ▪ Elle .... 25 ans.
l ▪ Ils .... quatre bébés.
m ▪ Vous .... marié ?
n ▪ Nous .... des questions.

2) Ils sont plusieurs ! Mettez au pluriel.

a ▪ Il habite à Bordeaux. ....
b ▪ Tu offres des fleurs. ....
c ▪ Je travaille à l'agence de voyages. ....
d ▪ Elle aime les fleurs. ....
e ▪ Il mange des gâteaux. ....

5. Mettez au pluriel.

C'est une jeune fille sympathique. Elle travaille dans une agence de voyages. Elle plaisante avec la collègue de bureau. Elle tutoie la responsable du service. Elle a toujours une bonne idée : offrir un beau bouquet pour un anniversaire, faire un bon gâteau, faire une plaisanterie gentille. On aime bien une jeune fille aussi aimable et sérieuse.

Ce sont ....
....
....
....
....
....
....

6. Genre et place des adjectifs.

Ajoutez un adjectif : – avant le nom : ***bon – nouveau – beau/bel – grand – petit ;***
– après le nom : ***sérieux – sympathique – difficile.***

1) ▪ C'est une .... idée.
2) ▪ C'est un .... cadeau.
3) ▪ C'est une collègue ....
4) ▪ C'est un .... appartement.
5) ▪ C'est un .... copain.
6) ▪ C'est un garçon ....
7) ▪ C'est une .... stagiaire.
8) ▪ C'est un .... restaurant.
9) ▪ C'est une cliente ....

7. C'est quand ?

Répondez aux questions.

1) ▪ L'anniversaire de Benoît, c'est quand ? ....
2) ▪ Quand est-ce qu'on offre des fleurs ? ....
3) ▪ Votre anniversaire, c'est quand ? ....
4) ▪ Votre cours de français, c'est quand ? ....
5) ▪ Les grandes vacances, c'est quand ? ....

8. Masculin, féminin.

Écrivez la phrase au masculin.
Exemple : C'est ma grande amie.
⇨ **C'est mon grand ami.**

1) ▪ C'est une fille gentille. ....
2) ▪ C'est une jeune fille sérieuse. ....
3) ▪ Elle a une bonne amie. ....
4) ▪ Nous avons une nouvelle stagiaire. ....
5) ▪ Elle a une belle chienne. ....
6) ▪ Notre professeur est canadienne. ....
7) ▪ Cette journaliste est courageuse. ....
8) ▪ Elle a trois grand frères et une petite sœur. ....

9. Négation et pronoms toniques au pluriel.

Répondez comme dans les exemples.
Exemples : – Vous aimez les gâteaux ?
⇨ **– Non, nous, nous n'aimons pas les gâteaux.**
– Ils ont un chien ?
⇨ **– Non, eux, ils n'ont pas de chien.**

1) ▪ – Elles offrent des fleurs ? – ....

2) ▪ – Ils mangent des gâteaux le dimanche ? – ....
3) ▪ – Ils ont des amis ? – ....
4) ▪ – Elles travaillent dans une grande agence ? – ....
5) ▪ – Vous achetez un billet ? – ....
6) ▪ – Nous passons à la banque le jeudi ? – ....

Le pluriel des pronoms toniques
1re personne : nous
2e personne : vous
3e personne : eux (masculin)
elles (féminin)

10. Forme négative de l'impératif.

Exemple : Écoutez.
⇨ **Non, n'écoutez pas !**

1) ▪ Payez par chèque. ....
2) ▪ Plaisantez avec les clients. ....
3) ▪ Pose les lettres sur le bureau. ....
4) ▪ Emmène le stagiaire dans le bureau. ....
5) ▪ Achète des fleurs pour Benoît. ....
6) ▪ Mangez ces gâteaux avec les doigts. ....
7) ▪ Pars tout de suite au travail. ....
8) ▪ Répétez après moi. ....
9) ▪ Écrivez ces mots sur le papier. ....
10) ▪ Faites ces exercices ce soir. ....

11. *Quel*, adjectif exclamatif.

Transformez la phrase comme dans l'exemple. Attention à la place de l'adjectif.
Exemple : Les fleurs sont belles. ⇨ **Quelles belles fleurs !**

1) ▪ Le stagiaire est timide. ....
2) ▪ Les gâteaux sont bons. ....
3) ▪ C'est une amie patiente. ....
4) ▪ Les collègues sont sympathiques. ....
5) ▪ L'idée est bonne. ....

12. *On*, pronom indéfini.

Généralisez. Utilisez **on** *à la forme affirmative ou à la forme négative selon le sens.*
Exemple 1 : parler tout le temps
⇨ **On ne parle pas tout le temps !**

1) ▪ acheter des fleurs à un homme ....
2) ▪ offrir des cadeaux à Noël ....

3) ▪ avoir faim quand on est jeune ....

4) ▪ tutoyer les clients ....

5) ▪ être heureux d'avoir des amis ....

Exemple 2 : Faites des phrases selon l'exemple.

⇨ **ne pas dormir/fatigué : Quand on ne dors pas, on est fatigué.**

6) ▪ manger/ne pas parler ....

7) ▪ être bébé/pleurer souvent ....

8) ▪ être content/être souriant ....

9) ▪ avoir un téléphone portable/parler à petite voix ....

Écriture

13. Lettres muettes.

Barrez les lettres muettes. 划掉不发音的字母。

Exemple : **Benoît est agent de voyages.**

1) ▪ Il aime les livres.

2) ▪ Tu parles beaucoup.

3) ▪ Tes vacances sont finies ?

4) ▪ Ses gâteaux sont bons.

5) ▪ Ils n'ont pas le temps.

6) ▪ Les hommes aussi aiment les fleurs.

7) ▪ Comment s'appellent-ils ?

8) ▪ Il faut sortir s'amuser quand il fait beau.

9) ▪ Quels beaux bouquets !

10) ▪ Nous sommes invités à dîner chez nos amis dans leur maison de banlieue.

14. Écrivez une carte de vœux.

Vous écrivez une carte de vœux de nouvel an à un correspondant francophone.

给一个说法语的笔友写张贺年卡。

Cher Nicolas,

C'est bientôt le 30 mars. Je pense beaucoup à toi et je te souhaite un bon anniversaire.

Avec mes amitiés,

Christophe

Cher/Chère ....

C'est bientôt ....

Je pense ....

....

....

....

文化点滴

过节啦!

圣诞老人，你好！我们很高兴再次见到你！每年圣诞，家家户户都用普罗旺斯（Provence）传统的彩色小泥人或非常漂亮的水晶玻璃人来布置圣诞马槽！家家户户都准备围着壁炉享受一顿节日大餐。

圣蜡节到来之际，人人都在做布列塔尼（Bretagne）的特色食品——煎饼。对于那些身手敏捷的人来说，最大的快乐莫过于让煎饼在平底锅里翻跟头。

但节中之节则非嘉年华狂欢节莫属。众多游行队伍在嘉年华陛下带领下浩浩荡荡走街串巷。在尼斯（Nice），每年狂欢节都有一个新主题，今年的主题是“音乐和音乐家”。在两周里，五颜六色的纸巨人将昼夜游行在城市的每个角落，给大人孩子带来无尽的欢乐。

答案：

1. Dans quel ordre?
   b-e-c-a-d
2. Vrai ou faux?
   1) V 2) F 3) V 4) F 5) F

法国的节假日

- 一月一日是新年（le jour de l'An）。
- 复活节（Pâques）在每年的三月或四月。
- 五月一日是国际劳动节（la fête du Travail）。
- 五月八日是第二次世界大战停战纪念日。
- 耶稣升天节（jeudi de l'Ascension）是一个宗教节日。
- 圣灵降临节（la Pentecôte）也是一个宗教节日，是复活节后的第七个星期天。
- 七月十四日是法国国庆节（fête nationale）。
- 八月十五日也是个宗教节日，是纪念圣母马丽亚的节日。
- 十一月一日是所有圣人的节日，叫万圣节（la Toussaint）。
- 十一月十一日是第一次世界大战停战日。
- 圣诞节（Noël）是十二月二十五日，为一年中的最后一个节日。人们互赠礼物表示祝福，并为孩子们将圣诞树打扮得色彩缤纷。
  以上这些节日都是法定的公休日，人们不需要工作。
- 自1982年以来，法国人又多了一个深受大众欢迎的节日：每年的六月二十一日人们都要欢度音乐节（la fête de la musique）。那一天，法兰西的每一条街道上都有乐队通宵演奏音乐。

RÉVISION 1

1. Formez des paires.

Associez les mots suivants deux à deux. Faites précéder les noms d'un article.
Exemple : l'employée et le bureau

employée – bouquet – lettre – salon – fête – nom – mère – chèque – anniversaire – cuisine – fleur – courrier – prénom – père – carte bancaire – bureau

....

....

2. Transformez.

1) Mettez au féminin.

a ▪ Il est français, il est jeune, il est sérieux.

....

b ▪ C'est un bel Italien. Il a un bon ami espagnol.

....

c ▪ Je suis heureux de souhaiter la bienvenue à notre nouveau stagiaire.

....

d ▪ Mon voisin a un chien vert et intelligent chez lui.

....

2) Mettez les phrases ci-dessus au pluriel.

a ▪ ....

b ▪ ....

c ▪ ....

d ▪ ....

3. Trouvez les questions.

1) ▪ .... ?

– Au 9 rue du Four.

2) ▪ .... ?

– C'est le 01 45 42 56 78.

3) ▪ .... ?

– Dans une agence de voyages.

4) ▪ .... ?

– C'est pour acheter un billet.

5) ▪ .... ?

– C'est pour une amie.

6) ▪ .... ?

– C'est le nouveau stagiaire là-bas.

7) ▪ .... ?

– J'ai 23 ans.

8) ▪ .... ?

– Je suis allemande.

C'EST POUR UNE ENQUÊTE

Vocabulaire

1. Chassez l'intrus.

1) ▪ souvent – efficace – facile – préféré
2) ▪ tennis – natation – judo – musique
3) ▪ lire – écrire – manger – apprendre
4) ▪ guitare – photo – violon – piano
5) ▪ théâtre – cinéma – concert – tennis
6) ▪ bon – mauvais – sympathique – bien
7) ▪ gai – heureux – joyeux – triste
8) ▪ manger – dormir – jouer – étudier

2. Retrouvez les mots.

Complétez les phrases avec des mots des dialogues. 用本课对话里的单词填空。

1) ▪ Claudia fait des .... de droit à la fac.
2) ▪ Claudia et Julie font une .... sur les activités préférées des Français.
3) ▪ Le jeune homme interrogé .... souvent des amis chez lui.
4) ▪ Mon amie aime beaucoup la .... Elle .... du piano.
5) ▪ Les enfants jouent à des .... vidéo.
6) ▪ Julie a beaucoup de volonté. Quand le travail est difficile, elle ne .... pas.
7) ▪ En week-end, le couple Dumont emmènent souvent leurs enfants dans des musées pour voir des ....
8) ▪ Monsieur Chaumet n'aime pas la ville. Il préfère la ....

3. De quoi est-ce qu'ils ont l'air ?

Utilisez : ***heureux – malheureux – gai – triste – gentil – méchant***

1) 2) 3) 4) 5) 6)

1) ▪ Il a l'air ....
2) ▪ ....
3) ▪ ....
4) ▪ ....
5) ▪ ....
6) ▪ ....

Grammaire

4. Posez des questions avec *faire*.

1) ▪ .... ?

– Oui, ils font beaucoup de sport.

2) ▪ .... ?

– Elle fait une enquête.

3) ▪ .... ?

– Oui, je fais souvent du tennis.

4) ▪ .... ?

– Nous faisons des courses tous les jours.

5) ▪ .... ?

– Elles font des études de français à la fac.

6) ▪ .... ?

– Oui, elle fait du piano pendant le week-end.

7) ▪ .... ?

– Je fais la cuisine tous les soirs.

8) ▪ .... ?

– Nous faisons le ménage à tour de rôle.

5. *À* et *de* + articles.

Complétez les phrases.

1) ▪ Elle joue souvent .... tennis et .... jeux vidéo.

2) ▪ Ils jouent .... violon et .... guitare.

3) ▪ Vous faites .... natation et .... vélo.

4) ▪ Ils font .... peinture et .... photo.

5) ▪ Elles vont .... cinéma et .... théâtre.

6. Présent de *lire*.

Complétez la conversation avec le verbe ***lire****.*

1) ▪ Qu'est-ce que tu .... ?

2) ▪ Je .... *L'Étranger* d'Albert Camus.

3) ▪ Ah, c'est amusant. Mes parents aussi .... ce livre.

4) ▪ Vous .... beaucoup dans votre famille ?

5) ▪ Oui, nous .... beaucoup, nous adorons la lecture.

6) ▪ Olivier est passionné de littérature. Il .... des romans depuis l'âge de 5 ans.

7. *Ne pas faire de...*

Terminez les phrases comme dans l'exemple.

Exemple : *Mon fils fait du judo, mais mon mari et moi...*

⇨ **– Mon fils fait du judo, mais mon mari et moi nous ne faisons pas de judo.**

1) ▪ Ma femme fait des études, mais moi ....
....

2) ▪ Mon mari fait du théâtre, mais vous ....
....

3) ▪ Ils font du vélo, mais nous ....
....

4) ▪ Je fais du sport, mais toi ....
....

5) ▪ Sa sœur fait de la danse, mais lui ....

6) ▪ En France, les femmes font du bricolage, mais les hommes ....
....

7) ▪ Mon père adore faire du jardinage, mais ma mère ....
....

8) ▪ Je suis très occupé dans la semaine, alors je fais des courses le week-end. Mais toi, tu as du temps dans la semaine, donc, tu ....

8. Présent de *aller*.

Complétez le dialogue avec le verbe ***aller*** *au présent.*

1) ▪ Où est-ce que tu .... ?

2) ▪ Je .... à la poste avec Liliane.

3) ▪ Vous .... au cinéma après la poste ?

4) ▪ Non, nous .... au musée du Louvre.

5) ▪ Et les enfants .... au musée avec vous ?

6) ▪ Non, ils restent à la maison.

9. Qu'est-ce qu'ils font ?

Regardez les dessins. Trouvez des activités pour ces gens.

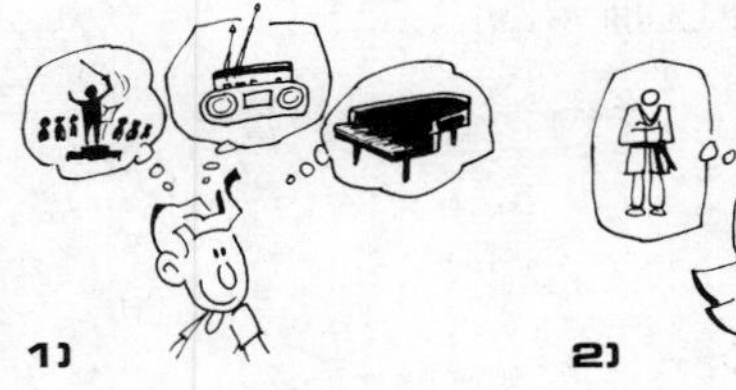

1)

2)

3)

1) ▪ Il aime la musique classique. ....
....

2) ▪ Elle fait du sport, mais elle aime être seule. ....

....

3) ▪ Elle aime les activités culturelles. ....

....

10. Conjugaison.

Mettez les verbes au présent.

Chère Sarah,

Je suis en vacances en Bretagne avec des amis. Demain, nous (aller) .... au bord de la mer. Je (lire) .... beaucoup, je (écrire) .... des lettres à mes amis, nous (faire) .... beaucoup de sport. Le soir, je (aller) .... chez des voisins musiciens. Ils (faire) .... de la guitare et (jouer) .... de la batterie. Quelle ambiance !

Et toi, qu'est-ce que tu (faire) .... ? Tu (aller) .... toujours à la montagne ? (écrire) ....-moi et (dire) ....-moi quels sont tes projets.

Bises,

Juliette

11. Depuis quand ?

Répondez aux questions.

1) ▪ Depuis quand est-ce qu'on voyage en avion ? ....

2) ▪ Depuis quand est-ce qu'on va au cinéma ? ....

3) ▪ Depuis quand est-ce que la tour Eiffel est à Paris ? ....

4) ▪ Depuis quand est-ce que l'ordinateur existe ? ....

5) ▪ Depuis quand est-ce que vous existez dans le monde ? ....

....

6) ▪ Depuis quand est-ce que vous êtes dans la salle de classe ? ....

....

7) ▪ Depuis quand est-ce que Marie et Pierre sont ensemble ? ....

....

8) ▪ Depuis quand est-ce que les Français mangent des grenouilles ? ....

....

Écriture

12. Liaisons.

Marquez les liaisons.

Exemple : Elles font une enquête sur les activités préférées des hommes.

1) ▪ Vous allez en Allemagne en avion ?
2) ▪ Elles vont au cinéma le samedi, mais pas aujourd'hui.
3) ▪ – Tu es espagnol ? – Mais oui.
4) ▪ Tu as un appartement en Italie ?

13. Résumé.

1) Lisez les deux résumés de l'épisode. Quel résumé choisissez-vous ?

❍ **a** ▪ Julie fait sa première enquête sur les activités préférées des Français. Claudia fait une enquête, elle aussi. Elle est très efficace. Elle parle à Julie. Julie n'a pas beaucoup de chance. Les gens ne répondent pas à ses questions. Mais un jeune homme accepte de répondre.

❍ **b** ▪ Julie et Claudia font une enquête. Claudia est efficace, mais pas Julie : c'est sa première enquête. Mais un jeune homme répond à ses questions.

2) Écrivez votre résumé en 60 à 80 mots.

....
....
....
....
....
....
....

14. Demande de renseignements.

Écrivez au centre pour demander les jours et les heures de cours et le prix d'inscription.
Puis, remerciez et utilisez la formule de salutation : ***avec mes salutations distinguées****.*

给文化中心写封信询问上课的时间和注册费用。不要忘记感谢和使用信末礼貌用语。

....
....
....
....
....
....
....
....

Centre culturel
de Moulon

Cours de cuisine
Mardi - Jeudi : 15h - 17h

Cours de hip-hop
Mercredi - Samedi : 18h30 - 20h30

Cours de théâtre
Lundi : 20h30 - 22h30

Forfait trimestre : 105 €
Forfait Année : 275 €
pour deux activités

ON FÊTE NOS CRÉATIONS

Vocabulaire

1. Couleurs.

Associez les éléments des deux colonnes.

1) ▪ *Le Rouge et le Noir*.	a ▪ Couleurs du drapeau français.
2) ▪ *Le Grand Bleu*.	b ▪ Célèbre phrase surréaliste (d'André Breton).
3) ▪ Bleu, blanc, rouge.	c ▪ Roman de Stendhal.
4) ▪ *La Jument verte*.	d ▪ Film français de Luc Besson.
5) ▪ "La terre est bleue comme une orange".	e ▪ Roman de Marcel Aymé.

2. Connaissez-vous ces expressions ?

Associez l'expression et sa définition.

1) ▪ Donner le feu vert.	a ▪ Avoir très peur.
2) ▪ Travailler au noir.	b ▪ Donner le signal du commencement.
3) ▪ Voir la vie en rose.	c ▪ Être très en colère.
4) ▪ Avoir une peur bleue.	d ▪ Être optimiste, heureux.
5) ▪ Être rouge de colère.	e ▪ Travailler illégalement.

3. Nations et nationalités.

Associez le nom du pays et le nom des habitants.

1) ▪ la Belgique	a ▪ les Hollandais
2) ▪ la Pologne	b ▪ les Polonais
3) ▪ la Russie	c ▪ les Autrichiens
4) ▪ l'Autriche	d ▪ les Russes
5) ▪ les Pays-Bas	e ▪ les Argentins
6) ▪ l'Argentine	f ▪ les Anglais
7) ▪ l'Angleterre	g ▪ les Turcs
8) ▪ la Turquie	h ▪ les Belges
9) ▪ la Chine	i ▪ les Japonais
10) ▪ la France	j ▪ les Italiens
11) ▪ l'Italie	k ▪ les Chinois
12) ▪ le Japon	l ▪ les Français

4. Dans quel pays sont ces villes ?

Associez la ville et le pays.

1) ▪ Rabat	a ▪ la Bulgarie
2) ▪ Mexico	b ▪ le Canada
3) ▪ Québec	c ▪ le Maroc
4) ▪ Tunis	d ▪ la Belgique
5) ▪ Bruxelles	e ▪ le Mexique
6) ▪ Sofia	f ▪ la Tunisie
7) ▪ Tokyo	g ▪ l'Autriche
8) ▪ Vienne	h ▪ le Japon

Grammaire

5. Masculin, féminin.

Trouvez les adjectifs de nationalité correspondant aux pays.
Écrivez ces adjectifs dans une des colonnes.

Argentine – Colombie – Suisse – Grèce – Russie – Suède – Brésil – Hollande – Mexique – Autriche – Allemagne – Turquie – Irlande – Pologne – Danemark – États-Unis

Même forme	+ e	-ien, -ienne	-ain, -aine	-c, -(c)que
....	argentin(e)	colombien(ne)	....	....
....	....	....	....	....

6. Prépositions et nationalités.

Complétez les phrases et faites comme dans l'exemple.

Exemple : Elles habitent ... Portugal.

⇨ **Elles habitent au Portugal. Elles viennent du Portugal. Elles sont portugaises.**

1) ▪ Ils habitent .... Autriche.

....

2) ▪ Vous vivez .... Grèce.

....

3) ▪ Elles ont leur maison .... Danemark.

....

4) ▪ Tu vis .... États-Unis.

....

5) ▪ Nous avons un appartement .... Angleterre.

....

6) ▪ Je travaille .... Chine.

....

7) ▪ Elle voyage .... Turquie.

....

8) ▪ Nous préférons habiter .... Allemagne.

....

9) ▪ Céline Dion vit .... Canada.

....

10) ▪ Il fait ses études .... France.

....

7. *Venir.*

Complétez le dialogue avec le présent de ***venir****.*

1) ▪ Tu ne .... pas souvent ici ?
2) ▪ Je .... pour les grandes vacances.
3) ▪ Ton frère .... aussi ?
4) ▪ Nous .... ensemble à Noël.
5) ▪ Vous ne .... jamais avec vos parents ?
6) ▪ Non, eux, ils .... au printemps.

8. Groupe du nom.

Avec les mots suivants, composez des groupes du nom.
Exemple : collier – or – jaune – joli

⇨ **un joli collier en or jaune**

En + matière :
en soie, en laine…

1) ▪ chemisier – soie – rose – beau

....

2) ▪ ceinture – cuir – noir – long

....

3) ▪ sac – plastique – rouge – grand

....

4) ▪ pull – laine – bleu – vieux

....

5) ▪ chaussures – cuir – marron – neuf

....

9. Adjectifs possessifs.

Complétez avec des adjectifs possessifs.

Aujourd'hui, elle met .... pull rouge, ... jupe noire et .... chaussures blanches. Elle met aussi .... beau collier en or et .... bague. Lui, il porte .... costume bleu, ... cravate verte et .... chaussures marron. Il a aussi .... montre.

10. *Finir, partir* et *sortir*.

Trouvez la question.

1) ▪ – .... ?
– Nous sortons à 5 heures.

2) ▪ – .... ?
– Il part la semaine prochaine.

3) ▪ – .... ?
– Je finis de travailler à 6 heures.

4) ▪ – .... ?
– Oui, elles sortent ce soir.

5) ▪ – .... ?
– Nous partons en vacances le 1er juillet.

6) ▪ – .... ?
– Oui, elle finit son travail avant de partir.

7) ▪ – .... ?

– Oui, je pars à 8 heures.

8) ▪ – .... ?

– Oui, je sors du bureau à 5 heures.

9) ▪ – .... ?

– Le cours finit à 4 heures.

10) ▪ – .... ?

– Nous partons pour la France l'année prochaine.

11. Adjectifs possessifs au pluriel.

Complétez avec les adjectifs possessifs des trois personnes du pluriel.

1) ▪ – Vous partez chez .... amis ? – Non, ... amis ne sont pas chez eux.

2) ▪ – Ils montrent .... photos ? – Oui, et nous montrons .... dessins.

3) ▪ – .... voisins ont des enfants ? – Oui, et ils viennent jouer dans .... jardin.

4) ▪ – .... amis sont chez vous ? – Oui, ils attendent .... visite.

5) ▪ – Ce sont .... foulards ? – Oui, vous aimez .... créations ?

12. Place des adjectifs.

Transformez les phrases comme dans l'exemple.

Exemple : Le jeune homme est grand et brun et il a une cravate.

⇨ **C'est le grand jeune homme brun avec la cravate. C'est François.**

1) ▪ La jeune femme est brune et elle porte un chemisier rose.

....

2) ▪ La jeune femme est grande et brune et elle porte un pull bleu et un manteau noir.

....

3) ▪ La jeune femme est jolie. Elle porte un manteau et un pull marron.

....

4) ▪ Le jeune homme est brun. Il porte un costume gris et une chemise bleue.

....

Écriture

13. Orthographe.

*Complétez. Utilisez **à**, **a** ou **as**, **la** ou **là**, **ou** ou **où**.*

1) ▪ Hervé, tu es .... ? Tu .... lettre ?

2) ▪ Faire la fête .... travailler.

3) ▪ Elle .... de .... chance !

4) ▪ Mets .... robe bleue ...., sur .... chaise.

5) ▪ Vous entrez .... vous sortez ? .... est-ce que vous partez ?

14. Qu'est-ce qu'il se passe ?

Complétez ce résumé.

Julie et Claudia passent devant une boutique-atelier. Yves invite les deux jeunes femmes à entrer. Des artistes font une fête. Julie rencontre François ....

....

....

....

....

15. Écrivez à votre correspondant.

Sur une feuille séparée, vous écrivez une première lettre à votre correspondant.
Vous parlez de vous (couleur de vos cheveux et de vos yeux, taille...), de votre caractère, de vos goûts, de vos préférences pour les activités culturelles ou sportives. Et vous posez des questions personnelles à votre correspondant.

这是你第一次给你的笔友写信。描写一下你的外貌（头发和眼睛的颜色、身高等），谈谈你的性格以及文体方面的兴趣和爱好。同时向你的笔友询问他个人的情况。

文化点滴

手工艺

这个人在干什么？啊，原来是一个钟表匠，他在修理旧钟表的各种机芯。这可是个精密工作，他使用的工具也非常特殊。猜猜他最喜欢的消遣是什么？是制造自动木偶！

还有一些更普通的手工业者。几百辆旧自行车等在车间里呢。在这家小型工厂里，有二十多个年轻人修理旧自行车。他们在这里学习机械匠手艺。

现在再来看看这些手工艺艺人的工作。这是一家巴卡拉（Baccarat）的水晶玻璃器皿制造厂。工匠师傅们向融化的玻璃中吹气，转动器皿，使之成形，再进行雕刻，创造出新的样式。其他工匠负责创造式样，为器皿染色。这些精美绝伦的玻璃器皿出口到全世界，并为法国水晶玻璃器皿制造业带来了巨大的声誉。

答案：

1. Qu'est-ce que vous avez vu ?

   1) a 2) b 3) b

2. Associez l'artisan et son travail.

   1) c et e 2) d 3) a et b

JOUR DE GRÈVE !

Vocabulaire

1. Associez les mots et les expressions.

Réunissez l'action et le lieu et faites des phrases.
Exemple : prendre le train
⇨ **On prend le train dans une gare.**

1) ▪ prendre le RER	a ▪ une banque
2) ▪ changer de l'argent	b ▪ un marchand de journaux
3) ▪ déjeuner	c ▪ un bureau d'information
4) ▪ se renseigner	d ▪ une station de métro
5) ▪ acheter un journal	e ▪ un restaurant
6) ▪ acheter des légumes	f ▪ une agence de voyages
7) ▪ acheter un billet d'avion	g ▪ un marché
8) ▪ travailler	h ▪ une rue
9) ▪ faire une enquête	i ▪ un bureau
10) ▪ vendre des créations	j ▪ une boutique

....
....
....
....
....
....
....
....
....
....

2. Vocabulaire des transports.

Remplissez les grilles.

1) ▪ Quand la circulation est très dense.
2) ▪ Moyen de transport à deux roues.
3) ▪ Moyen de transport individuel, cher.
4) ▪ Nom correspondant au verbe *informer*.
5) ▪ Grosse voiture pour transporter beaucoup de gens.
6) ▪ Moyen de transport souterrain dans les grandes villes.
7) ▪ Moyen pour aller d'un lieu à un autre.
8) ▪ Va très vite d'un continent à l'autre.
9) ▪ Elles sont quatorze dans le métro parisien.

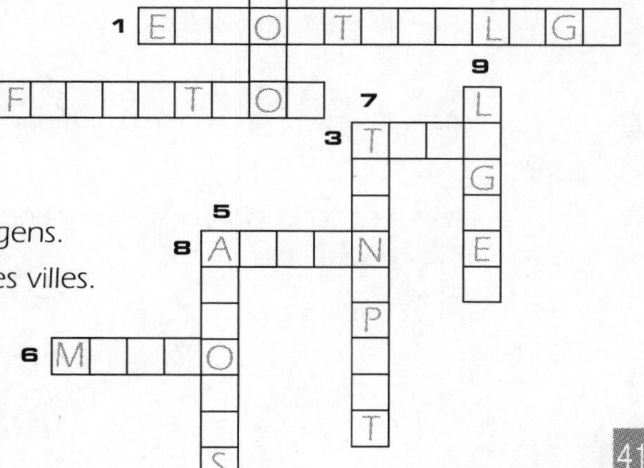

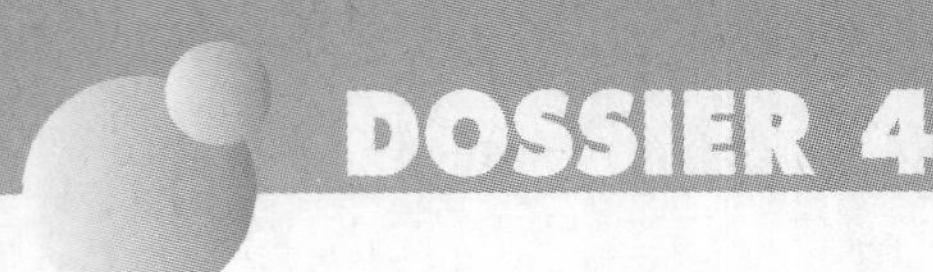

3. Mélanges de couleurs.

Exemple : Avec … et du noir, on fait du gris.

➩ **Avec du blanc et du noir, on fait du gris.**

1) ▪ Avec du jaune et ...., on fait de l'orange.

2) ▪ Le rouge et .... donnent du violet.

3) ▪ Avec du bleu et ...., ... du vert.

4) ▪ Le ...., ... et le bleu .... du marron.

5) ▪ .... rose.

Grammaire

4. *Aller.*

Complétez avec le verbe ***aller****.*

Il y a une grève générale. Les gens .... dans les stations de métro, mais le métro ne marche pas. Des autobus fonctionnent, mais ils ne .... pas loin. Si vous .... au centre, prenez un taxi ou bien marchez. Moi, je .... loin. On me dit : « Si tu .... en banlieue, prends ta voiture. » Oui, mais je n'ai pas de voiture !

5. Prépositions + moyens de transport.

Faites une phrase avec le moyen de transport choisi dans chaque cas.

Exemple : Benoît met une heure pour aller à son bureau. ➩ **Il va au bureau à pied.**

1) ▪ Pascal va au Blanc-Mesnil.

....

2) ▪ Julie va au centre de Paris.

....

3) ▪ Ils vont en banlieue.

....

4) ▪ Nicolas est canadien. Il repart à Montréal.

....

5) ▪ Les parents de Julie viennent de province.

....

6. Présent de *prendre* et de *mettre*.

Complétez les phrases.

1) ▪ Ils .... leur petit déjeuner.
2) ▪ Tu .... ton blouson bleu aujourd'hui ?
3) ▪ Il .... sa voiture ?
4) ▪ Elles .... une heure pour aller au centre de la ville.
5) ▪ Nous .... la moto pour aller chez nos amis.
6) ▪ Je .... le casque.
7) ▪ .... -vous le dîner à la maison ?
8) ▪ Sa grand-mère .... les lunettes pour lire le journal.
9) ▪ Vous .... l'avion pour aller à Shanghai ?
10) ▪ Les étudiants ne .... pas l'ascenseur.

7. Trouvez la question.

Utilisez des interrogations indirectes. Commencez les phrases par **se demander** *ou* ***savoir****.*
Exemple : – ... ? – En moto. ⇨ – **Vous savez comment Pascal va au centre culturel ?/Je me demande comment Pascal va au centre culturel.**

1) ▪ – .... ?
– Oui, entre la Porte Maillot et la Porte de la Chapelle.
2) ▪ – .... ?
– Les lignes 3, 4, 6 et 11 ne fonctionnent pas.
3) ▪ – .... ?
– Il va au bureau à pied.
4) ▪ – .... ?
– Il fait un remplacement dans un centre culturel.
5) ▪ – .... ?
– Elle déjeune à midi.
6) ▪ – .... ?
– Je prends le train à la gare de l'Est.
7) ▪ – .... ?
– Il apprend le français à Pékin.
8) ▪ – .... ?
– Sa mère part demain.
9) ▪ – .... ?
– Oui, il y a un bureau de poste par ici.
10) ▪ – .... ?
– Non, je ne suis pas professeur.

8. *Si* + proposition principale à l'impératif.

Mettez ensemble les deux parties des phrases.

1) ▪ Si vous allez en ville,	**a** ▪ mets des chaussures confortables.
2) ▪ Si tu pars en taxi,	**b** ▪ mets ton manteau.
3) ▪ Si vous prenez votre voiture,	**c** ▪ prenez un taxi.
4) ▪ Si tu vas au bureau à pied,	**d** ▪ faites attention à la circulation.
5) ▪ S'il fait froid,	**e** ▪ prends de l'argent.

9. *Il y a.*

Dites si ces phrases expriment la présence de gens ou d'objets ***(P)****, l'existence de faits ou d'événements* ***(E)*** *ou la durée* ***(D)****.*

说出*il y a*在下面哪些句子中表达"人或物的存在"(*P*)，在哪些句子中表达"事件"(*E*)，在哪些句子中表达"时间段"(*D*)。

◯ **1)** ▪ Il y a beaucoup de gens dans la rue.
◯ **2)** ▪ Il y a longtemps qu'on en parle.
◯ **3)** ▪ Il y a un journal sur la table.
◯ **4)** ▪ Il n'y a pas de bus aujourd'hui.
◯ **5)** ▪ Il y a un an que je connais Nicolas.
◯ **6)** ▪ Qu'est-ce qu'il y a ?

10. *Il y a, il n'y a pas.*

Faites des phrases comme dans l'exemple.

Exemple : avions – trains ⇨ **Il y a des avions, mais il n'y a pas de trains.**

1) ▪ grève – trop de perturbations

....

2) ▪ un bus sur quatre – métro

....

3) ▪ beaucoup de circulation – embouteillages

....

4) ▪ des informations à la radio – journaux

....

5) ▪ des problèmes – solution

....

6) ▪ des enveloppes – timbre

....

7) ▪ vélo – voiture

....

8) ▪ beaucoup d'auberges – grand hôtel

....

11. *Depuis, il y a... que.*

Dites-le autrement.

Exemple : Ils écoutent les informations depuis une heure.

⇨ **Il y a une heure qu'ils écoutent les informations.**

1) ▪ Les trois amis vivent dans le même appartement depuis des mois.

....

2) ▪ On parle de ces grèves depuis deux semaines.

....

3) ▪ Pascal connaît François depuis une semaine.

....

4) ▪ Pascal attend le directeur depuis une demi-heure.

....

5) ▪ Il n'y a plus de trains depuis déjà deux jours.

....

6) ▪ Nous habitions à Paris depuis 3 ans.

....

7) ▪ Julie travaille ici depuis un mois.

....

8) ▪ Son grand-père est malade depuis une semaine.

....

Écriture

12. Orthographe.

Trouvez des mots écrits avec le son [o]. Classez ces mots dans le tableau.

1) ▪ Il va au bureau en vélo.

2) ▪ En moto, on a mal au dos.

3) ▪ Voilà un mot nouveau.

4) ▪ Il fait chaud au pôle nord.

5) ▪ Mentir est un gros défaut.

6) ▪ Quels beaux gâteaux !

7) ▪ C'est un faux numéro.

8) ▪ Il met son manteau et son chapeau.

o	ô	ot	os	au	aud	aut	aux	eau	eaux
vélo								*bureau*	

13. Elle demande de l'aide.

Lisez la conversation entre Aline et Gérard et remplissez leur agenda.
读下面的对话，把主人公的日程安排记录到他们的记事本上。

ALINE : Allô, Gérard ? C'est Aline.
GÉRARD : Bonjour Aline. Tu vas bien ?
ALINE : Ah, non, pas du tout.
GÉRARD : Qu'est-ce qui ne va pas ?
ALINE : J'ai une journée folle et avec la grève !...
GÉRARD : Dis-moi ce que tu fais.
ALINE : J'ai rendez-vous à 9 h 30 chez mon dentiste, porte Maillot.
GÉRARD : Pas de problème, je suis chez toi à neuf heures.
ALINE : À midi et demi, je déjeune avec un client sur les Champs-Élysées. C'est très important.
GÉRARD : C'est ennuyeux. Je déjeune avec François au Quartier latin à une heure. Je vais voir...
ALINE : À 3 heures et demie, j'ai une réunion au bureau et à 6 heures moins 25 je vais chercher ma mère à la gare de l'Est.
GÉRARD : Mme Marchand vient visiter mon appartement à 3 heures et à 6 heures je vais au cinéma avec Michelle dans le 13e... Mais ne t'en fais pas, j'arrive.

Agenda d'Aline	Agenda de Gérard
9 h	9 h ....
10 h	10 h ....
11 h	11 h ....
12 h	12 h ....
13 h	13 h ....
14 h	14 h ....
15 h	15 h ....
16 h	16 h ....
17 h	17 h ....
18 h	18 h ....

AU CENTRE CULTUREL

Vocabulaire

1. Chassez l'intrus.

1) ▪ à l'heure – souvent – en avance – en retard

2) ▪ organiser – animer – exagérer – enseigner

3) ▪ sympa – heureux – triste – de bonne humeur

4) ▪ se renseigner – s'inquiéter – surveiller – s'asseoir

2. Phrases incomplètes.

Complétez les phrases avec un des mots suivants :
indemnités – repas – garé – sous-sol – bibliothèque.

1) ▪ M. Fernandez a .... sa voiture dans la rue.

2) ▪ Les jeunes prennent leur .... à la cafétéria.

3) ▪ Les animateurs touchent des .... de transport.

4) ▪ Les jeunes vont lire dans la ....

5) ▪ Les cuisines sont au ....

3. Quels verbes leur correspondent ?

1) Donnez l'infinitif des verbes correspondants.

a ▪ exagération → ....

b ▪ installation → ....

c ▪ remplacement → ....

d ▪ renseignement → ....

e ▪ organisation → ....

f ▪ fonctionnement → ....

g ▪ rémunération → ....

2) Quel est le genre (masculin ou féminin) des noms dérivés de verbes :

a ▪ *terminés en **-ment** ?* ....

b ▪ *terminés en **-ion** ?* ....

4. Il y a des choses à faire.

Complétez les phrases.
Utilisez les verbes suivants : ***organiser – trouver – donner – faire – suivre.***

1) ▪ Il y a des solutions à ....

2) ▪ Il y a des cours à ....

3) ▪ Il y a des présentations à ....

4) ▪ Il y a un stage à ....

5) ▪ Il y a des activités à ....

Grammaire

5. Participe passé et infinitif.

Donnez les infinitifs correspondant aux participes passés suivants. 给出下列过去分词的不定式形式。

1) ▪ appris → ....
2) ▪ sorti → ....
3) ▪ ouvert → ....
4) ▪ attendu → ....
5) ▪ eu → ....
6) ▪ pris → ....
7) ▪ été → ....
8) ▪ fait → ....
9) ▪ parti → ....
10) ▪ mis → ....
11) ▪ écrit → ....
12) ▪ lu → ....
13) ▪ vendu → ....
14) ▪ fini → ....
15) ▪ compris → ....
16) ▪ suivi → ....
17) ▪ vu → ....

6. Passé composé avec *avoir*.

Mettez les verbes entre parenthèses au passé composé.

1) ▪ Pascal (rencontrer) .... Isabelle.

2) ▪ Elle lui (expliquer) .... le fonctionnement du centre.

3) ▪ Ils (visiter) .... les ateliers d'activités.

4) ▪ Ensuite, Pascal (voir) .... une démonstration de hip-hop.

5) ▪ Il (rencontrer) .... un jeune, Akim.

6) ▪ Pascal (prendre) .... un verre à la cafétéria.

7) ▪ Enfin, Pascal (retrouver) .... M. Fernandez et ils (parler) .... du salaire de Pascal.

7. Passé composé.

Mettez les verbes entre parenthèses au passé composé.

1) ▪ Deux modèles (révolutionner) .... la conception des voitures françaises : la 2 CV et la DS.
La 2 CV (rouler) .... sur les routes pour la première fois

en 1948.

La DS (faire) .... son apparition en 1955.

2) ▪ Les premiers essais du TGV, le train à grande vitesse, (avoir lieu) .... en 1976.

3) ▪ On (lancer) .... l'avion supersonique Concorde en 1976.

4) ▪ Dès 1955, on (construire) .... en série le premier avion civil à réaction, la Caravelle.

5) ▪ En 1994, la société Peugeot-Citroën (proposer) .... au grand public la première voiture électrique.

8. Plusieurs fois par semaine !

Répondez aux questions.

1) ▪ Combien de fois est-ce qu'Akim va au centre ?

....

2) ▪ Vous, vous n'allez jamais voir des films au cinéma ?

....

3) ▪ Et vos amis, ils vont toujours visiter les expositions ?

....

4) ▪ Vous n'allez jamais faire du sport ?

....

5) ▪ Et vos amies, elles vont souvent faire des courses ?

....

6) ▪ Vous rencontrez souvent Maggie Cheung dans la rue ?

....

7) ▪ Combien de fois fêtez-vous votre anniversaire ?

....

8) ▪ Ils ne font jamais le ménage chez eux ?

....

9. *Aller* + infinitif.

Mettez les verbes entre parenthèses au futur proche.

1) ▪ – Qu'est-ce que tu (faire) .... à Noël ?

– Je (aller) .... chez mes parents.

2) ▪ – Vous (voir) .... un film ?

– Non, on (acheter) .... un cadeau pour la fête des Mères.

3) ▪ – Ils (jouer) .... au foot ?

– Oui, ils (s'entraîner) ....

4) ▪ – Elle (sortir) .... aujourd'hui ?

– Oui, nous (faire) .... des courses ensemble.

5) ▪ – Tu (garer) .... ta voiture au parking ?

– Non, je (garer) .... la voiture dans la rue.

10. Passé composé, futur proche.

1) Rédigez un texte au passé composé.
Utilisez : ***prendre l'autobus à 8 heures et demie – mettre une demi-heure pour aller au bureau – lire son courrier – répondre aux lettres – déjeuner à la cafétéria – faire de la gymnastique – recommencer à travailler à 2 heures – donner des coups de téléphone – parler avec ses collègues – envoyer des fax – faire des photocopies – finir son travail à 5 heures.***

Hier, ...

....

....

....

....

2) Écrivez un texte au futur proche avec les mêmes expressions.

Demain, ...

....

....

....

....

3) Imaginez, au futur, une journée d'une étudiante étrangère quand elle arrive à Beijing.

4) Imaginez, les journées d'hier et de demain d'un ministre de l'économie.

11. Dites que si.

Utilisez le passé composé à la forme négative, puis répondez affirmativement.
Exemple : Pascal – prendre la moto de François.

⇨ **– Pascal n'a pas pris la moto de François ? – Si, il a pris sa moto.**

1) ▪ Pascal – mettre une heure pour aller au Blanc-Mesnil.

....

2) ▪ Pascal – être animateur.

....

3) ▪ Pascal et Isabelle – visiter les ateliers du centre.

....

4) ▪ Isabelle – présenter les animateurs à Pascal.

....

5) ▪ M. Fernandez – trouver une solution.

....

Écriture

12. Exprimez-vous.

1) Mettez les photos dans l'ordre.

2) Écrivez ce que chaque photo vous suggère.

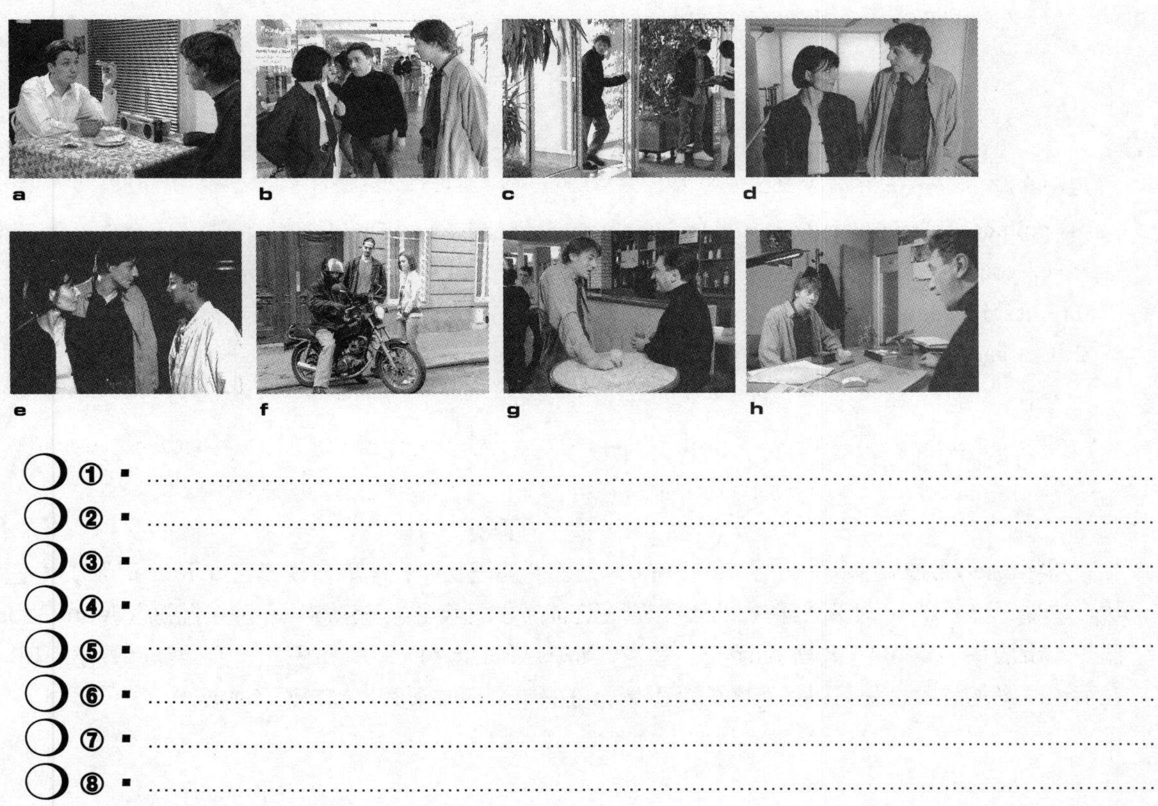

◯ ① ▪ ....

◯ ② ▪ ....

◯ ③ ▪ ....

◯ ④ ▪ ....

◯ ⑤ ▪ ....

◯ ⑥ ▪ ....

◯ ⑦ ▪ ....

◯ ⑧ ▪ ....

3) Écrivez le résumé des deux épisodes sur une feuille séparée.

文化点滴

城市交通

对于许多法国人来说，轿车是交通的代名词。但在城里停车，要找到停车位可不那么容易，而且还是一笔不菲的开支呢。更何况，汽车还有一个问题：那就是污染。防污染监测手段固然不少，但是它们是否真正有效呢？

还是应在公共交通上寻找出路。在南特（Nantes），人们又看到了被好几代人遗忘了的有轨电车，但它已经通过尖端高科技手段成为了现代化的交通工具。

在巴黎，公共汽车和地铁都已完成了现代化更新。这是令人欣喜的。如今的车站都很温馨舒适，有些车站甚至成为了永久开放的博物馆。

其他城市，如里昂（Lyon）和图卢兹（Toulouse），都拥有非常现代化的地铁网络。

除此之外，还有别的环保措施。如里尔（Lille）的这辆汽车燃烧的是甲烷——一种从废水中提炼出的环保燃料，这种燃料也可以减少对环境的污染。

答案：

1. Trouvez le verbe.

1) polluer 2) sationner 3) contrôler 4) oublier 5) fonctionner 6) réduire

2. Avez-vous une bonne mémoire ?

1) Elles polluent. 3) a l'électricité b la méthane

2) Des agents de police. 4) b

请上船吧！

每年的五月到十月，塞纳河（la Seine）上的"船巴士"在埃菲尔铁塔（la Tour Eiffel）与巴黎圣母院（Notre-Dame）之间来回穿梭。三艘以著名艺术家的名字命名的游艇——让·伽班（Jean Cabin）、艾迪特·皮亚芙（Edith Piaf）和伊夫·蒙当（Yves Montant）——每隔二十五分钟就开出一班。这样，在节省时间的同时，还可以让游客们将巴黎心脏的美景尽收眼底，何乐而不为呢？

1. Formez des paires.

Associez les mots suivants deux à deux. Faites précéder les noms d'un article.
Exemple : la moto et le casque

moto – circulation – immeuble – cuir – cinéma – métro – casque – musée – jardin – ceinture – pantalon – embouteillage – RER – bâtiment – exposition – pull – campagne – théâtre

....

....

2. Répondez affirmativement.

1) ▪ – Tu n'as pas pris le métro ce matin ? – ....

2) ▪ – Tu as téléphoné ce matin ? – ....

3) ▪ – On n'a pas réparé ta voiture ? – ....

4) ▪ – Tu ne vas pas chez les Cartier ce soir ? – ....

5) ▪ – On n'a pas dit d'organiser une soirée pour l'anniversaire de Benoît ? – ....

6) ▪ – Elles vont en Inde pendant les vacances ? – ....

3. Qu'est-ce qu'on dit dans ces situations ?

1) ▪ Un(e) de vos ami(e)s vous montre un de ses tableaux. Vous exprimez votre appréciation.

....

2) ▪ Votre amie a une jolie robe. Vous faites un compliment.

....

3) ▪ On vous invite. Vous refusez poliment et vous donnez une raison.

....

4) ▪ On vous demande : « Qu'est-ce que vous aimez faire ? »

....

5) ▪ Au dessert, on vous propose de prendre encore des gâteaux. Mais vous n'avez plus faim.

....

6) ▪ Votre collègue souhaite parler avec vous. Vous acceptez mais ne pouvez pas le faire tout de suite.

....

4. Conjugaison.

1) Complétez le texte avec les verbes suivants : ***sortir – mettre – prendre – attendre – mettre – travailler – partir – lire – revenir – prendre.***

Le matin nous .... le petit déjeuner à 7 heures et demie. Nous .... le journal, puis nous .... nos manteaux et nous .... le bus. Nous n' ....

pas longtemps.

Nous .... 20 minutes pour arriver au centre. Nous .... toute la journée. À 5 heures 30, nous .... du bureau et nous .... chez nous. Le soir, nous ne .... pas souvent.

2) Inventez une histoire extraordinaire en utilisant ces verbes.

5. Qu'est-ce qu'ils ont fait ?

1) Mettez les verbes entre parenthèses au passé composé.

Hier, dimanche, il (faire) .... beau. Le matin, nous (jouer) .... au tennis. Nous (déjeuner) .... au restaurant. Puis, nous (visiter) .... le château de Chambord. Nous (acheter) .... des cartes postales pour envoyer à nos parents. Nous (rencontrer) .... des amis. Avec eux, nous (prendre) .... une bière et nous (parler) .... de notre visite. Nous (quitter) .... le château à 5 heures. Nous (mettre) .... deux heures pour rentrer chez nous.

2) Racontez une journée particulière.

6. Quelles sont les prépositions ?

Complétez.

1) ▪ Ils arrivent ...... Portugal et ils vont ...... Autriche.
2) ▪ Ils habitent ...... Italie, mais ils vont souvent ...... Espagne.
3) ▪ Elles viennent ...... États-Unis et elles vont rester ...... Paris.
4) ▪ Ils arrivent ...... Belgique et ils vont ...... Luxembourg.
5) ▪ Elle vient ...... Paris et elle va ...... Nice.
6) ▪ Les pyramides sont ...... Caire, ... Egypte.
7) ▪ La Cité interdite est ...... Pékin, ... Chine.
8) ▪ Les Marseillais viennent ...... Marseille, ils habitent ...... France.

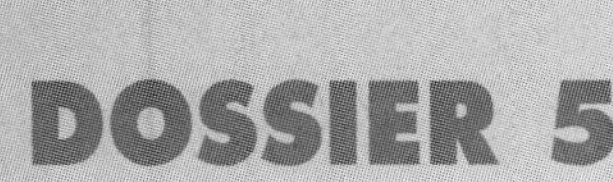

RAVI DE FAIRE VOTRE CONNAISSANCE

Vocabulaire

1. Quel est le contraire ?

Donnez le contraire des verbes suivants.

1) ▪ arriver ≠ ....
2) ▪ entrer ≠ ....
3) ▪ descendre ≠ ....
4) ▪ se lever ≠ ....
5) ▪ se rappeler ≠ ....
6) ▪ se déshabiller ≠ ....
7) ▪ aller ≠ ....
8) ▪ connaître ≠ ....

2. Chassez l'intrus.

Dites quel mot ne va pas avec les autres et dites pourquoi. 每组单词中哪一个应被排除，并说明理由。

Exemple : s'asseoir – se promener – manger – s'occuper

⇨ ***Manger* n'est pas un verbe pronominal.**

1) ▪ se lever – s'habiller – se coucher – dormir ....
....
2) ▪ entrer – rester – danser – arriver ....
....
3) ▪ mois – tôt – tard – de bonne heure ....
....
4) ▪ élégante – curieuse – belle – ravissante ....
....

3. Reconnaissance du genre des noms.

*1) Lisez les mots suivants et notez par quel son ils se terminent : voyelle **(V)** ou consonne **(C)**.*
读下列单词。它们分别是以元音（V）还是以辅音（C）结尾的？

◯ a ▪ taxi
◯ b ▪ écriture
◯ c ▪ train
◯ d ▪ repas
◯ e ▪ numéro
◯ f ▪ capitale
◯ g ▪ pied
◯ h ▪ pancarte
◯ i ▪ reçu
◯ j ▪ matin
◯ k ▪ cuisine
◯ l ▪ bâtiment
◯ m ▪ ligne
◯ n ▪ bureau
◯ o ▪ bibliothèque
◯ p ▪ grève
◯ q ▪ atelier
◯ r ▪ chance
◯ s ▪ métro
◯ t ▪ tête

Quel est le genre (masculin ou féminin) des noms terminés :

a ▪ par un son de voyelle ? : ....

b ▪ par un son de consonne ? : ....

*2) Observez le son final et la lettre finale des mots suivants et dites quel est le genre des mots de la ligne **a** puis de la ligne **b**.*
观察下面单词的词末发音和词末字母。分别说出a组和b组单词的阴阳性。

a ▪ trafic – bus – vol – rap – sous-sol – transport –
journal – aéroport – parc – couvert ➔ ....

b ▪ rue – Italie – soirée – monnaie – venue – roue ➔ ....

4. Exprimez le temps.

Complétez le tableau.

Hier	Aujourd'hui	Demain
hier matin	....	demain matin
....	cet après-midi	....
hier soir	....	....

Grammaire

5. Passé composé avec *être*, accord du participe.

Racontez par écrit ce que Claire a fait hier matin. 讲述Claire昨天上午的活动。

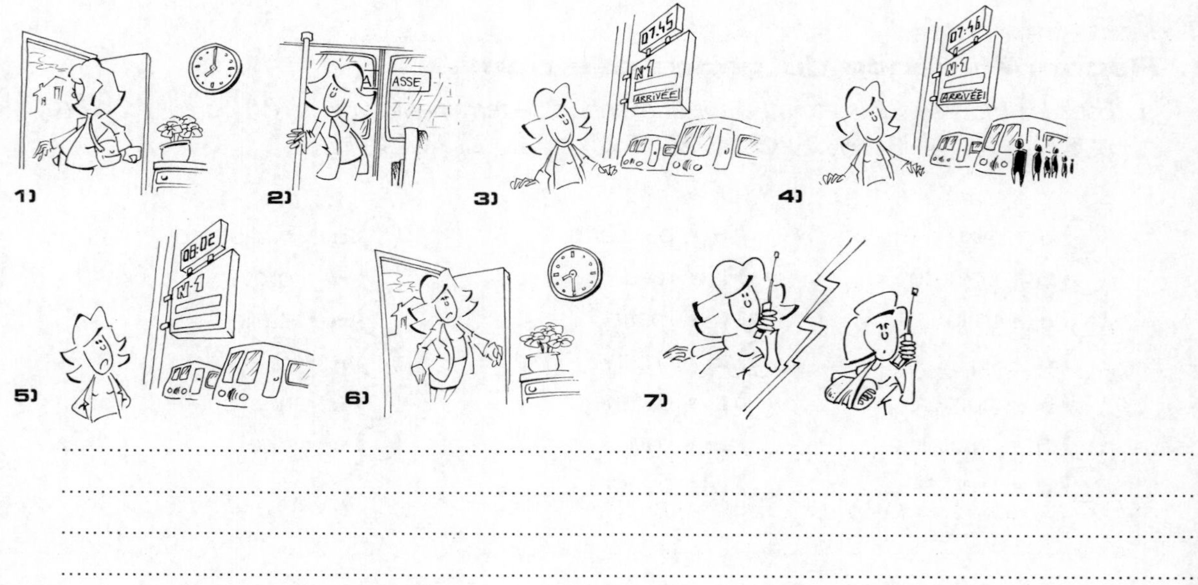

1) 2) 3) 4) 5) 6) 7)

....

....

....

....

....

....

....

....

6. Passé composé avec *avoir* ou *être*, accord du participe.

Mettez les verbes entre parenthèses au passé composé et faites l'accord du participe passé si c'est nécessaire.

Texte 1

Hier, elles (s'habiller) .... et elles (se préparer) .... à recevoir leurs amies. Elles (s'asseoir) .... dans le salon. Elles (prendre) .... du thé et elles (parler) .... Elles (attendre) .... Personne n' (venir) .... Elles (s'inquiéter) .... et elles (téléphoner) .... à leurs amies. Personne n' (répondre) .... Elles (passer) .... un très mauvais après-midi !

Texte 2

Hier, nous (finir) .... le travail à cinq heures. Nous (sortir) .... du bureau tout de suite. Nous (prendre) .... le métro. Nous (rentrer) .... à la maison à six heures. Nous (mettre) .... une heure pour le retour. Ma femme (préparer) .... le repas. Et moi, j' (lire) .... le journal d'aujourd'hui. Nous (se coucher) .... à dix heures. Mais je (s'endormir) .... une heure plus tard.

7. Participe passé des verbes pronominaux.

1) Quels sont les infinitifs des verbes des phrases ci-dessous ?
下列句子中动词的不定式形式分别是什么？

a ▪ Elle s'est occupée de lui. → ....

b ▪ Ils se sont vite tutoyés. → ....

c ▪ Elle s'est bien habillée pour lui plaire. → ....

d ▪ Vous vous êtes renseignées ? → ....

e ▪ Elles se sont levées tôt ce matin. → ....

f ▪ Ils se sont rencontrés hier pour la première fois. → ....

g ▪ Elles se sont assises. → ....

h ▪ Nous nous sommes vus la semaine dernière. → ....

2) Quel est l'auxiliaire utilisé pour former leur passé composé ? 上题中用了什么助动词构成复合过去时？

....

3) *Avec quoi s'accorde le participe passé ?* 过去分词与什么配合？ ....

8. Accord du participe passé.

Faites l'accord du participe passé.

1) ▪ Ils se sont levé...... de bonne heure.
2) ▪ Elle ne s'est pas maquillé...... ce matin.
3) ▪ Vous vous êtes tous préparé...... à partir.
4) ▪ Elle s'est mis...... au travail tout de suite.
5) ▪ Elles sont descendu...... à la cafétéria.
6) ▪ Ils se sont servi...... du fax.

9. La cause et le but.

Répondez avec **pour** *(but) ou* **parce que** *(cause).*

1) ▪ – Pourquoi est-ce que tu vas à l'aéroport ?
– ....

2) ▪ – Pourquoi est-ce que tu vas chercher cette personne ?
– (➔ Sa première visite à Paris.) ....

3) ▪ – Pourquoi est-ce qu'il vient à Paris ?
– ....

4) ▪ – Pourquoi est-ce qu'il va visiter des parcs et des jardins ?
– (➔ Faire une étude.) ....

5) ▪ – Pourquoi est-ce qu'il fait cette étude ?
– ....

– Ah, il est paysagiste !

10. Réponse avec *si*.

Répondez comme dans l'exemple.

Exemple : Tu n'es pas sortie avec ton amie hier soir ? (Aller au cinéma.)

➪ **Si, nous sommes allées au cinéma.**

1) ▪ Vous n'êtes pas rentrées tard ? (Rentrer après minuit.)
....

2) ▪ Tu ne vas pas danser ce soir ? (Danser tous les samedis soirs.)
....

3) ▪ Tu ne sors plus avec Michel ? (Mais être en voyage.)
....

4) ▪ Il ne va pas revenir bientôt ? (Dans une semaine.)
....

5) ▪ Elle n'a pas fêté ses créations ? (Avec des amis.)
....

6) ▪ Pierre n'a pas fini ses devoirs ? (À 9 heures du soir.)
....

11. *Oui,* *si* ou *non* ?

Imaginez ce qu'elle répond.

1) ▪ – Dis-donc, tu ne t'es pas réveillée, ce matin ?
– ....

2) ▪ – Parce que tu n'es pas venue travailler. Tu as eu des problèmes ?
– ....

3) ▪ – Chercher ta fille, à l'aéroport ? Tu ne m'as rien dit.
– ....

4) ▪ – Moi, je suis sûre que tu n'as rien dit… Et tu viens travailler demain ?
– ....

5) ▪ – Bon, alors à demain. Attends… Tu me présentes ta fille, ce soir ?
– ....
– Tant pis. Amusez-vous bien. Salut.

Écriture

12. Envoyez un fax.

Vous devez vous rendre à Paris pour affaires. Vous rédigez un fax pour annoncer votre venue. Vous donnez toutes les indications parce que quelqu'un doit vous attendre à l'aéroport (ou à la gare). Vous vous décrivez : âge, taille, couleur de cheveux, vêtements, heure d'arrivée, numéro du vol…

你要去巴黎出差。写一份传真通知你的到来，有人将在机场或火车站接你。传真里需写明你的年龄、身高、头发的颜色、衣着、抵达时间、航班或车次等。

....

....

....

....

....

....

....

....

UN VISITEUR DE MARQUE

Vocabulaire

1. Associez les mots.

Faites correspondre un élément d'une colonne avec un élément de l'autre colonne.

1) ▪ prévenir	a ▪ des plantes
2) ▪ savoir	b ▪ où aller
3) ▪ prendre	c ▪ dans un parc
4) ▪ se trouver	d ▪ quelqu'un
5) ▪ connaître	e ▪ des photos
6) ▪ réserver	f ▪ dans les allées
7) ▪ déranger	g ▪ sur les horaires
8) ▪ garder	h ▪ quelqu'un
9) ▪ se promener	i ▪ une chambre
10) ▪ se renseigner	j ▪ la monnaie

2. Mots croisés.

Lisez la définition et remplissez la grille.

1) ▪ Dans un parc. Il y a de l'eau dedans.
2) ▪ Très vieux bâtiment à Vincennes près du parc floral.
3) ▪ C'est une grande surface d'herbe verte dans un parc.
4) ▪ Arbres et fleurs.
5) ▪ Entre deux collines ou deux montagnes.
6) ▪ Une surface destinée à la construction d'une maison ou à une activité sportive.
7) ▪ Unité de surface : 10 000 mètres carrés.
8) ▪ Grande construction. Immeuble d'habitation, industriel ou commercial.
9) ▪ Pour marcher dans un parc.
10) ▪ Pour conserver les plantes exotiques.

3. Adverbes en opposition.

Donnez l'expression opposée.

Exemple : au commencement de l'allée ≠ **au bout de l'allée**

1) ▪ devant la maison ≠ ....
2) ▪ sur la table ≠ ....
3) ▪ à droite de la serre ≠ ....
4) ▪ du côté gauche du jardin ≠ ....
5) ▪ au-dessous de la porte ≠ ....

6) ▪ dans la chambre ≠ ....

7) ▪ au début de l'année ≠ ....

8) ▪ en face du bureau ≠ ....

9) ▪ ici ≠ ....

Grammaire

4. Présent de *pouvoir*.

Utilisez le verbe ***pouvoir*** *dans les questions.*

1) ▪ – .... ?
– Mais oui, on peut se promener dans ces allées.

2) ▪ – .... ?
– Non, sur les pelouses ce n'est pas possible.

3) ▪ – .... ?
– Oui, nous pouvons visiter le musée mais pas les serres.

4) ▪ – .... ?
– Des photos, si, vous pouvez.

5) ▪ – .... ?
– Non, elles ne peuvent pas venir avec leur chien.

5. *Savoir* ou *connaître* ?

Écrivez une légende pour chaque dessin. Utilisez ***connaître*** *ou* ***savoir*** *(ou les deux).*
Exemple :

➩ **Il sait nager.**

1) ▪ ....

2) ▪ ....

3) ▪ ....

4) ▪ ....

6. *Savoir*, *pouvoir* ou *connaître* ?

Complétez les phrases.

1) ▪ Vous .... comment on va à ce parc ?

2) ▪ Vous .... le chemin ?

3) ▪ On .... entrer dans les serres ?

4) ▪ Vous .... prévoir une autre visite ?

5) ▪ Vous .... où trouver un petit bistrot ?

6) ▪ Vous avez .... retenir une table ?

7) ▪ Il .... les parents de Julie.

8) ▪ Je ne .... plus quoi faire.

9) ▪ Nous .... trouver un poste de travail.

10) ▪ Elles .... conduire.

7. Futur simple.

Comparez le petit frère et la grande sœur. Variez les expressions de temps.
Exemple : Elle va à l'université. ⇨ **Lui, il ira dans trois ans.**

1) ▪ Elle a passé son permis il y a un mois. ....

2) ▪ Elle a une voiture. ....

3) ▪ Elle peut sortir seule le soir. ....

4) ▪ Elle fait de la guitare. ....

5) ▪ Elle visite la ville de Paris. ....

6) ▪ Elle a pris le dîner. ....

8. Futur simple.

Mettez les verbes entre parenthèses au futur.

Ce nouveau parc ne (ressembler) .... pas aux autres. Nous (présenter) .... des espaces plantés d'espèces différentes. Nous (organiser) .... des expositions. Les visiteurs (venir) .... admirer des créations nouvelles et ils (pouvoir) .... découvrir des plantes exceptionnelles. Les enfants (avoir) .... la possibilité de suivre des cours de jardinage. Ce parc (être) .... ouvert au public au printemps, mais vous (pouvoir) .... voir une maquette dès le mois prochain.

9. Adjectifs démonstratifs.

*Complétez ces phrases avec des adjectifs démonstratifs et indiquez quel est l'emploi : montrer **(1)**, reprise **(2)** ou indication de temps **(3)**.*
用指示形容词填空，并说出它们的用法：指示(1)，复指(2)，指明时间(3)。

On a construit ...ces (1)..... serres .... année. On peut faire la visite .... matin si vous voulez. On a vidé .... bassin, en face de nous, ... trois derniers mois, à cause du froid. On a ouvert .... parc en 1892 et on a planté un arbre à l'entrée des jardins. .... arbre est maintenant très grand. On a planté .... fleurs et installé .... jets d'eau .... mois ....

10. Adverbes de temps.

*Répondez de deux façons différentes, utilisez **en** + année ou **il y a... mois, ans.***

1) ▪ – Quand est-ce qu'on a ouvert ce parc ? (1892)
– ....

2) ▪ – Quand est-ce qu'on a construit ces jets d'eau ? (1900)
– ....

3) ▪ – Quand est-ce qu'on a planté ces fleurs ? (mai)
– ....

4) ▪ – Quand est-ce qu'on a installé ces serres ? (novembre)
– ....

5) ▪ – Quand est-ce qu'on a planté l'arbre à l'entrée des jardins ? (1999)
– ....

11. Combien de fois ?

Faites comme dans l'exemple.
Exemple : Il est déjà venu deux fois. ⇨ **C'est la troisième fois qu'il vient.**

1) ▪ Elle a déjà visité ce musée trois fois.
....

2) ▪ Ils ne se sont jamais rencontrés avant aujourd'hui.
....

3) ▪ J'ai déjà vu ces serres quatre fois.
....

4) ▪ Elles ont déjà visité ce parc l'année dernière.
....

5) ▪ Tu ne reviendras plus ici !
....

Écriture

12. Le règlement du parc.

Sur une feuille séparée, imaginez un règlement de parc.
Pensez à ce qu'on ne peut pas faire : marcher sur les pelouses, prendre des fleurs, monter sur les arbres, jouer au ballon... Utilisez ***pouvoir, être interdit, être permis*** *et l'impératif à la forme négative.*
写一个公园的游园守则。想想公园里禁止做什么。使用pouvoir、être interdit、être permis和命令式的否定式。

13. Écrivez un résumé.

1) *Mettez ces photos dans l'ordre*
2) *Faites des commentaires sur chacune de ces photos.*

a  b  c  d

e  f  g  h

◯ ① ▪ ....
◯ ② ▪ ....
◯ ③ ▪ ....
◯ ④ ▪ ....
◯ ⑤ ▪ ....
◯ ⑥ ▪ ....
◯ ⑦ ▪ ....
◯ ⑧ ▪ ....

3) *Sur une feuille séparée, écrivez un résumé de l'histoire en 60 à 80 mots.*

文化点滴

天然公园

拉夫兹岛（Lavezzi）位于科西嘉（la Corse）南部，它今天仍然保持着非常原始的状态。

在这个自然保护区里，鸟儿们可以安静地筑巢。

在拉夫兹岛的攀岩是一次让人难忘的经历。

我们也可以到法国东部的孚日山区（les Voges）去游览一个巨大的天然公园，并一睹那儿的壮丽景致。为了方便并鼓励游人来此猎奇，在长达23公里的山间小路沿途精心标明了各个观景点的方位。

我们还可以骑马从东向西穿越比利牛斯山（les Pyrénées），去游览围绕在加尔瓦尼（Gavarnie）冰斗四周、占地30万公顷的天然公园。这一自然景点被列为了人类世界遗产。

答案：

1. Vous avez vu quoi ?

   1) a, b et c

   2) a

   3) b

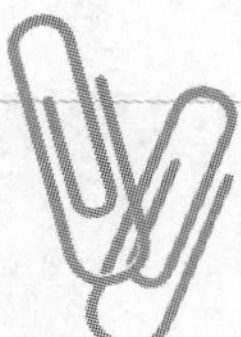

法国人与花园

- 56%的法国人住在独立房宅中，这些房子中的94%带花园
- 4/5的花园带有草坪
- 14%的法国人以侍弄花园的方式来度过周末
- 法国人每年花费在花园上的钱多达60亿欧元以上。

——节选自《法国面面观》，1997

LE STAGE DE VENTE

Vocabulaire

1. Distinguez les genres.

Classez les mots suivants d'après la prononciation et l'orthographe de la dernière syllabe.

pain – reine – produit – vente – boulanger – méthode – règle – feu – ami – jeu - objet – baguette – doigt

Mots masculins : ....

Mots féminins : ....

2. Masculin, féminin.

Trouvez le mot correspondant dans l'autre genre.

Exemple : roi ⇨ **reine**

1) ▪ vendeur → ....
2) ▪ boulangère → ....
3) ▪ artiste → ....
4) ▪ créatrice → ....
5) ▪ animatrice → ....
6) ▪ spécialiste → ....
7) ▪ volontaire → ....
8) ▪ fils → ....
9) ▪ dentiste → ....
10) ▪ boucher → ....
11) ▪ acteur → ....
12) ▪ remplaçant → ....

3. Opposez-les.

1) Associez les adjectifs de sens contraire. 给具有相反意义的形容词配对。

lent – ennuyeux – difficile – intéressant – méchant – rapide – facile – vieux – mince – agréable – gros – fort – jeune – désagréable – gentil – faible

....

....

2) Atténuez les affirmations.

Exemple : Il est gros. ⇨ **Il n'est pas très mince.**

a ▪ C'est difficile. ....

b ▪ C'est désagréable. ....

c ▪ Elle est vieille. ....

d ▪ C'est ennuyeux. ....

e ▪ Il est lent dans son travail. ....

f ▪ Il est faible en mathématiques. ....

g ▪ Elle est méchante. ....

Grammaire

4. *Vouloir.*

Complétez les phrases.

1) ▪ – Tu .... te perfectionner ?
– Oui, je................................ aider mes amis.

2) ▪ – Vous .... vous renseigner sur les stages ?
– Oui, je .... suivre un stage de vente.

3) ▪ – Elles .... se parler ?
– Oui, elles .... comparer leurs expériences.

4) ▪ – Vous vous posez des questions à notre sujet ?
– Oui, je .... savoir ce qui s'est passé.

5. *Vouloir* + complément d'objet direct ou infinitif.

Exemple : Pascal – trouver du travail. ⇨ **Il veut trouver du travail.**

1) ▪ Elle – un foulard ....

2) ▪ Vous – téléphoner à vos amis ....

3) ▪ Eux – lire le journal ....

4) ▪ Toi – une moto ....

5) ▪ Nous - commencer le stage ....

6) ▪ Elles - deux baguettes ....

7) ▪ Moi - organiser une soirée ....

8) ▪ Lui - réserver un billet d'avion ....

6. *Vouloir* ou *pouvoir* ?

*Complétez le dialogue avec **vouloir** ou **pouvoir**.*

1) ▪ Bonjour, Madame. Vous .... nous donner des renseignements sur vos cours, s'il vous plaît ?

2) ▪ Qu'est-ce que vous .... savoir ?

3) ▪ On .... connaître les tarifs et les horaires des cours d'informatique.

4) ▪ Je .... vous donner les horaires, mais je ne connais pas encore les tarifs. Vous .... revenir dans quelques jours, si vous ....

5) ▪ On ne .... pas. On habite en province.

6) ▪ Si vous .... laisser votre nom et votre adresse, je vous enverrai les informations.

7) ▪ Je .... bien. Merci.

7. *Me, te, nous, vous.*

Complétez la lettre avec des pronoms compléments.

Chère Aurélie,

Je .... remercie pour ton petit mot. Bientôt, tu pourras .... appeler au 06 81 55 76 84. Je .... félicite pour ta réussite aux examens. Julien doit être content, et il va pouvoir .... faire entrer dans son agence ! J'espère que son patron lui donnera quelques jours de vacances et que vous viendrez .... voir à la fin du mois, comme prévu. Tu .... écris. Moi, je .... appelle dans quelques jours.

Bises.

8. Complément d'objet direct + infinitif.

Exemple : Suivez le stage.
⇨ **Il faut le suivre.**

1) ▪ Aidez vos amis. → Nous allons ....

2) ▪ Revoyez les règles. → Nous allons ....

3) ▪ Appelle Julie. → Je vais ....

4) ▪ Suis la jeune femme. → Oui, je vais ....

5) ▪ Regardez cette voiture. → Oui, il faut ....

6) ▪ Passez aux jeux de rôles. → Oui, nous voudrons ....

7) ▪ Envoie la lettre. → Je vais ....

8) ▪ Insistez. → Oui, il faut ....

9) ▪ Ferme les fenêtres. → Je vais ....

10) ▪ Vendez leurs créations. → Il faut ....

9. Place et accord du COD avec le passé composé.

Utilisez un pronom complément dans votre réponse.

Exemple : – Julie a trouvé la rue Collette ? ⇨ – **Oui, elle l'a trouvée.**

1) ▪ – Julie et Pilar ont suivi tous les cours ?

– ....

2) ▪ – Julie a apporté les modèles ?
– ....

3) ▪ – Elles ont revu les règles ?
– ....

4) ▪ – Elles ont appris les obligations du vendeur ?
– ....

5) ▪ – Le professeur a trouvé des volontaires ?
– ....

6) ▪ – Avez-vous appris cette leçon ?
– ....

7) ▪ – Il a fini ses devoirs ?
– ....

8) ▪ – Le mécanicien a réparé la voiture ?
– ....

10. *Il faut*, on *doit* + infinitif.

Dites ce qu'il faut faire ou ne pas faire.
Exemple : Quand il y a des embouteillages...
⇨ **Quand il y a des embouteillages, il faut/on doit prendre le métro.**

1) ▪ Quand on travaille dans un bureau, ...
2) ▪ Quand on cherche une rue dans un quartier inconnu, ...
3) ▪ Pour bien vendre des produits, ...
4) ▪ Quand on arrive en retard, ...
5) ▪ Pour apprendre le français, ...
6) ▪ Quand on lit dans la bibliothèque, ...
7) ▪ Pour ne pas oublier le rendez-vous, ...
8) ▪ Quand on cherche du travail, ...

11. Sens différents.

Associez chaque phrase et son sens.

1) ▪ Je peux essayer ce collier ?
2) ▪ Ce meuble, elles peuvent l'acheter.
3) ▪ Ils veulent partir.
4) ▪ Elles savent compter.
5) ▪ Tu peux porter ce meuble ?
6) ▪ Tu peux montrer cette photo.
7) ▪ Vous savez enseigner la grammaire ?
8) ▪ Tu sais nager.

a ▪ La simple possibilité.
b ▪ La volonté.
c ▪ La permission.
d ▪ La capacité physique.
e ▪ La compétence.

12. *De* + adjectif + nom pluriel.

Complétez les phrases avec un article indéfini.
Attention ! L'article indéfini pluriel **des** *devient* **de** *quand le nom est précédé d'un adjectif.*

1) ▪ Elle fait .... jolis foulards.
2) ▪ On trouve .... beaux modèles.
3) ▪ Ils exposent .... objets splendides.
4) ▪ Les gens achètent .... vieux objets chez les antiquaires.
5) ▪ Ils racontent .... histoires fantastiques.
6) ▪ Ils font .... belles créations.
7) ▪ J'ai acheté .... livres intéressants.
8) ▪ Elle a offert .... beaux cadeaux à son ami.

Écriture

13. Orthographe.

Changez oralement la première consonne et retrouvez des mots connus. Attention à l'orthographe du nouveau mot !
Exemples : frais ⇨ **vrai**
des ⇨ **tes, thé**

1) ▪ vaut ➔ ....
2) ▪ fer ➔ ....
3) ▪ file ➔ ....
4) ▪ fou ➔ ....
5) ▪ voix ➔ ....
6) ▪ droit ➔ ....
7) ▪ toit ➔ ....
8) ▪ doute ➔ ....
9) ▪ tire ➔ ....

14. Créez une annonce publicitaire.

Imaginez une annonce pour présenter une nouvelle école de langues. Trouvez des arguments (compétence des professeurs, conseils et suivi pédagogique personnalisés, emploi de nouvelles technologies...)

写一则广告介绍一所新成立的语言学校：师资水平、个性化教学辅导和跟踪、计算机教学等。

....

....

....

....

....

....

....

JULIE FAIT SES PREUVES

Vocabulaire

1. Une boutique de mode.

Complétez le texte avec les mots suivants : ***articles – plaisent – colliers – fournisseurs – un coup d'œil – accessoires – vitrine – boucles d'oreilles – objets.***

Cette patronne de boutique d' .... de mode a très bon goût. Elle a de bons .... et choisit très bien ses .... Elle met en .... de jolis .... Les gens s'arrêtent souvent pour jeter .... Les .... et les .... ont un style jeune et original. Ils .... à la clientèle.

2. Quel est le genre de ces noms ?

Dites si ces noms sont masculin (M) ou féminin (F).

◯ 1) ▪ vitrine	◯ 6) ▪ boucle	◯ 11) ▪ collier
◯ 2) ▪ fournisseur	◯ 7) ▪ merveille	◯ 12) ▪ plaisir
◯ 3) ▪ boutique	◯ 8) ▪ objet	◯ 13) ▪ centaine
◯ 4) ▪ goût	◯ 9) ▪ vacances	◯ 14) ▪ boucherie
◯ 5) ▪ parfumerie	◯ 10) ▪ chose	◯ 15) ▪ coin

Quelles règles appliquez-vous ?

! **Accessoire, article, modèle, style, mètre** sont du masculin et **raison** est du féminin.

3. Chassez l'intrus.

Dites pourquoi un des mots ne va pas avec les autres.

1) ▪ sur – au sujet de – à propos de – au coin de ....
2) ▪ boucherie – boulangerie – parfumerie – épicerie ....
3) ▪ plaire à – aller bien à – déplaire à – expliquer à ....
4) ▪ accessoire – coup d'œil – collier – boucle d'oreille ....
5) ▪ au coin de – au-dessus de – au bout de – au sujet de ....
6) ▪ fournisseur – vendeur – client – merveille ....

4. Trouvez le verbe correspondant.

1) ▪ correspondance → ....
2) ▪ déménagement → ....
3) ▪ intérêt → ....
4) ▪ plaisir → ....

5) ▪ fournisseur → ....
6) ▪ garage → ....
7) ▪ parfumerie → ....
8) ▪ tour → ....
9) ▪ visite → ....
10) ▪ création → ....

Grammaire

5. Complément d'objet indirect.

Exemple : – Expliquez-moi ce problème.

⇨ **– Oui, je vais vous expliquer ce problème.**

1) ▪ – Donnez-leur cette adresse.
– ....

2) ▪ – Montrez-moi ces modèles.
– ....

3) ▪ – Envoyez-leur ces brochures.
– ....

4) ▪ – Achetez-lui ces boucles d'oreilles.
– ....

5) ▪ – Montrez-nous cet ordinateur.
– ....

6) ▪ – Téléphonez-leur ce soir.
– ....

7) ▪ – Racontez-moi cette histoire.
– ....

8) ▪ – Vendez-nous ces merveilles.
– ....

6. Complément d'objet indirect.

Complétez le dialogue entre le créateur des objets et la représentante.

1) ▪ Vous avez montré nos nouveaux modèles aux Magasins réunis ?

2) ▪ Oui, je .... ai montré.

3) ▪ Et ils ont plu aux employés ?

4) ▪ Oui, ils .... ont beaucoup plu.

5) ▪ Et vous avez parlé au directeur ?

6) ▪ Oui, j'ai pu .... parler.

7) ▪ Il .... a téléphoné depuis ?

8) ▪ Non, pas encore.

9) ▪ Et vous pensez qu'il va .... passer une commande ?

10) ▪ Il .... a paru vraiment intéressé.

7. Compléments d'objet direct et indirect.

Complétez ce texte avec des compléments d'objet direct et indirect.

C'est bientôt Noël et le temps des cadeaux pour la famille et les amis.
Vous pensez à .... et à ce qui .... fera plaisir, à ce que vous pourrez .... acheter pour .... faire une surprise.
Mais n'attendez pas trop.
Nous .... conseillons de commencer à chercher vos cadeaux dès le mois de septembre. Je .... donne un truc. Commencez par vos boutiques préférées.
Vous .... connaissez bien, la vendeuse .... donne son opinion sur les objets et vous pourrez .... échanger s'il y a un problème. Faites une liste avec le nom des personnes et les cadeaux déjà achetés. Un dernier conseil : ne .... oubliez pas !

8. *Quelqu'un ≠ ne... personne, quelque chose ≠ ne... rien.*

Exemples : Vous cherchez quelqu'un ?

➪ **Non, je ne cherche personne.**

Vous avez envoyé quelque chose ?

➪ **Non, je n'ai rien envoyé.**

1) ▪ – Vous voulez quelque chose ? – ....

2) ▪ – Vous avez vu quelqu'un ? – ....

3) ▪ – Vous avez acheté quelque chose ? – ....

4) ▪ – Vous voulez voir quelqu'un ? – ....

5) ▪ – Vous avez quelque chose à me montrer ? – ....

6) ▪ – Vous allez me présenter quelqu'un ? – ....

7) ▪ – Vous avez entendu quelque chose ? – ....

8) ▪ – Il y a quelqu'un à la maison ? – ....

9) ▪ – Il a quelque chose à nous demander ? – ....

10) ▪ – Il a aidé quelqu'un dans la rue ? – ....

9. Prépositions de lieu.

Regardez le dessin et complétez les phrases avec des prépositions.

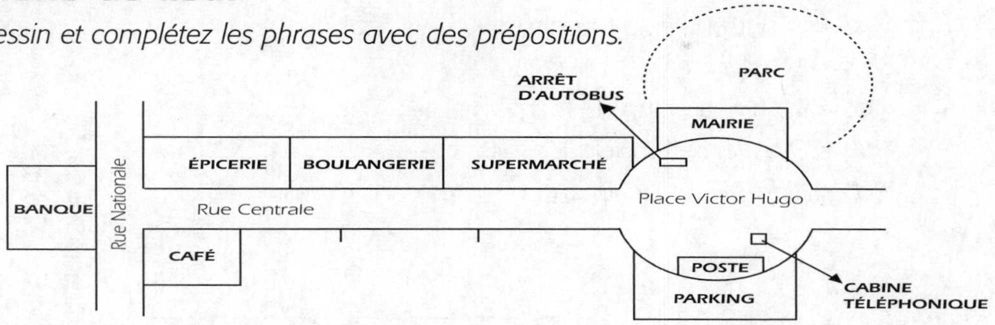

PARC
ARRÊT D'AUTOBUS
MAIRIE
ÉPICERIE
BOULANGERIE
SUPERMARCHÉ
BANQUE
Rue Nationale
Rue Centrale
Place Victor Hugo
CAFÉ
POSTE
PARKING
CABINE TÉLÉPHONIQUE

Exemple : La mairie est ... la place.

⇨ **La mairie est sur la place.**

1) ▪ .... la mairie, il y a un parc.
2) ▪ .... la mairie, se trouve un arrêt d'autobus.
3) ▪ .... la mairie, il y a la poste.
4) ▪ Le parking est .... la poste.
5) ▪ Le supermarché est .... la boulangerie.
6) ▪ La boulangerie est .... le supermarché et l'épicerie.
7) ▪ .... la rue Centrale, se trouve la banque.
8) ▪ Le café est .... de la rue Centrale et de la rue Nationale.

10. *Je pense, je crois que...*

Exemple : Ces modèles plaisent à Mme Dutertre.

⇨ **Julie pense/croit que ces modèles peuvent lui plaire.**

1) ▪ Ce collier va bien à la cliente.
La patronne ....
2) ▪ Ces objets font plaisir aux visiteurs.
Les artistes ....
3) ▪ Cette nouvelle collection intéresse la patronne.
Je ....
4) ▪ Ces articles en vitrine attirent l'attention des passants.
Vous .... ?
5) ▪ La patronne trouve ces créations à son goût.
Nous ....

11. Un parmi d'autres.

Exemple : Nous avons des articles en vitrine.

⇨ **Voilà un de nos articles.**

1) ▪ Nous avons beaucoup d'amis. ....
2) ▪ Vous avez trois vendeuses dans votre magasin. ....
3) ▪ Il crée de beaux objets. ....

4) ▪ Ils ont plusieurs fournisseurs. ....
5) ▪ Elle décore des foulards. ....
6) ▪ Il y a beaucoup de magasins. ....
7) ▪ Elle a acheté quelques stylos. ....
8) ▪ Nous avons beaucoup de livres dans la bibliothèque. ....

Écriture

12. Orthographe et prononciation.

1) Soulignez les voyelles moyennes ouvertes : [ɔ], [ɛ], [ø].

a ▪ trop	**f** ▪ jeune
b ▪ patronne	**g** ▪ feu
c ▪ à propos	**h** ▪ méthode
d ▪ modèle	**i** ▪ règle
e ▪ pièce	**j** ▪ poste

2) Mettez les accents, aigus (´) ou graves (`) sur les e si nécessaire.

a ▪ interesser	**f** ▪ achete
b ▪ accessoires	**g** ▪ regle
c ▪ methode	**h** ▪ verre
d ▪ appelle	**i** ▪ baguette
e ▪ appeler	**j** ▪ telephone

13. Résumez l'épisode.

Mettez les phrases ci-dessous dans le bon ordre. À partir de ces phrases, écrivez un résumé de l'épisode sur une feuille séparée.

◯ **a** ▪ Une cliente veut acheter des boucles d'oreilles.
◯ **b** ▪ La patronne du magasin est en vacances et Julie laisse quelques modèles à la vendeuse.
◯ **c** ▪ Julie cherche la parfumerie Le bain bleu. On lui indique le chemin.
◯ **d** ▪ Julie demande à voir la patronne.
◯ **e** ▪ Julie est contente parce qu'elle est sûre que la patronne va accepter de vendre ses modèles.
◯ **f** ▪ Julie présente ses modèles à la patronne.

文化点滴

购物热[1]

一年四季，购物者们都拥挤在各大商场和超市里。

但人们也许会更喜欢巴黎圣旺（Saint-Ouen）的跳蚤市场或者分布在各地的旧货店的安静。这几年，这种旧货店已变得非常流行。在这些地方，人们有时间散散步，砍砍价，寻找稀有但又不太贵的东西。像一些小雕像、油画、布娃娃、青铜器或古书等，它们可以补充你的收藏，也可能从此就搁置在某间阁楼上。

也有人在寻找一些更独特的解决办法。阿列日省（Ariège）的地方交换协会（SEL）重新起用了古老的付款方式：物物交换。比方说，用一块奶酪换取别人的针线活。

这个互助网运行得很好，方便了人们的生活。

但这真能平息人们的购物热吗？

注释：

1 购物热，原文为“la fièvre acheteuse”。这个表达方式使用了一个文字游戏，源于la fièvre aphteuse（口蹄疫）。

答案：

1. Dans quel ordre ?

 1) c, a, b

 2) a le SEL　　b le Marché aux Puces

 c le grand magasin　　d le grand magasin

2. Et vous ?

 Réponse libre.

低价之最

1948年，一个名叫儒勒·乌阿及（Jules Ouaki）的突尼斯人在巴黎开张了一家他童年记忆中的阿拉伯式的市场——一家廉价服装店。商店雇用了很少的职员，顾客们可以自己寻找所需要的商品，自己为自己服务。店主把他的店命名为“TATI”，即他母亲别名“TITA”的颠倒写法。今天“TATI”已经成为一家跨国公司，在许多国家都设有分店，甚至在纽约的第五大街也有店铺。如今“TATI”的客流量已经达到2 500万人，年销售商品多达7 600万件，聘用员工1 700人。

RÉVISION 3

1. Combien de fois ?

Dites combien de fois vous le faites.

1) ▪ Vous êtes souvent allé(e) au théâtre l'année dernière ?

....

2) ▪ Vous faites des courses tous les combien ?

....

3) ▪ Combien de fois est-ce que vous êtes allé(e) à l'étranger ?

....

4) ▪ Vous travaillez tous les jours ? De quelle heure à quelle heure ?

....

5) ▪ Vous avez pris l'avion souvent ?

....

6) ▪ Vous lisez souvent ? Combien de livres vous lisez tous les mois ?

....

7) ▪ Vous avez des cours tous les jours ?

....

8) ▪ Vous téléphonez souvent à vos parents ? Combien de fois par semaine ?

....

9) ▪ Vous faites du sport tous les soirs ?

....

10) ▪ Combien de fois avez-vous vu ce film ?

....

2. Pronoms compléments.

Employez un pronom complément dans votre réponse.

1) ▪ – Tu peux rappeler Nicolas ?

– ....

2) ▪ – Tu ne veux pas dire la vérité à Sophie ?

– ....

3) ▪ – Tu vas parler à tes parents ?

– ....

4) ▪ – Vous ne pouvez pas aider vos amis ?

– ....

5) ▪ – Elle peut faxer vos lettres ?

– ....

6) ▪ – Vous allez me présenter vos parents ?

– ....

7) ▪ – Vous allez me présenter à vos parents ?
– ....

8) ▪ – Elle veut inviter ses amis à dîner ?
– ....

9) ▪ – Vous écrivez souvent à vos parents ?
– ....

10) ▪ – Il connaît très bien ce parc ?
– ....

3. Pronoms compléments et participe passé.

Complétez avec des pronoms compléments et faites l'accord du participe si nécessaire.

1) ▪ – Tu .... connais, Odile ?
2) ▪ – Oui, je .... ai rencontré...... hier et je .... ai parlé...... .
3) ▪ – Moi, je ne .... vois pas souvent, mais on .... téléphone.
4) ▪ – Tu .... as téléphoné...... hier ?
5) ▪ – Non, pas hier, mais je vais .... voir ce soir.
6) ▪ – Et ses amies ? Tu vas .... voir aussi ce soir ?
7) ▪ – Oui, je crois que Odile va venir avec ....
8) ▪ – Tu .... as prévu quelque chose ?
9) ▪ – Je vais .... inviter dans un restaurant ? Je pense que cela va .... plaire.

4. Adjectifs démonstratifs.

Complétez.

1) ▪ Tu vas à l'agence .... matin ?
2) ▪ Oui, je vais porter .... billet et .... dossiers.
3) ▪ Pourquoi est-ce que tu as mis .... costume et .... cravate ?
4) ▪ Parce que je vais chercher quelqu'un à Roissy .... après-midi.
5) ▪ Tu es en pleine forme .... matin.
6) ▪ Non, je n'ai pas bien dormi .... nuit. De plus, je n'aime pas beaucoup .... travail. Et .... client est un peu difficile.

5. *Connaître, savoir* ou *pouvoir* ?

Complétez.

1) ▪ Cet homme .... bien son travail. Il .... travailler.
2) ▪ – Tu .... compter en français ? – Je .... les nombres, mais je ne .... pas compter vite.

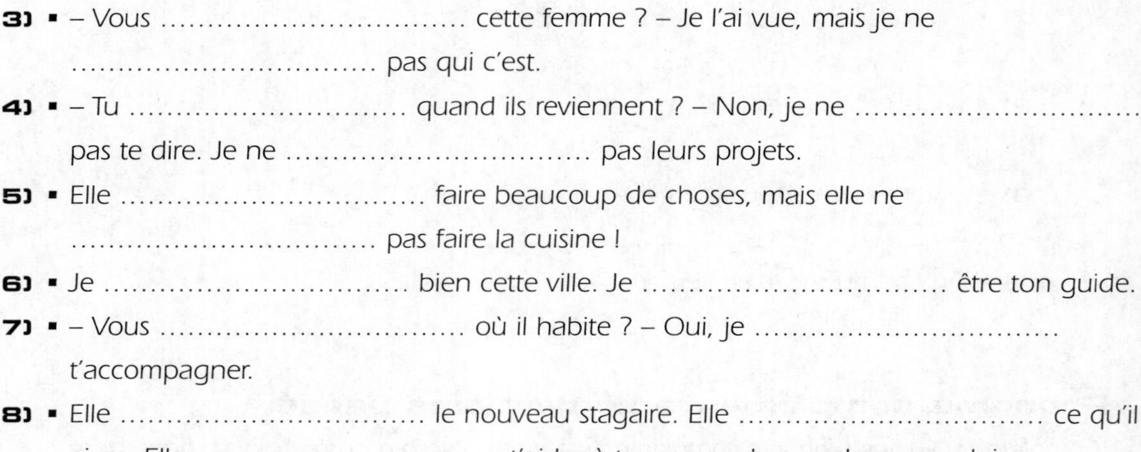

3) ▪ – Vous .... cette femme ? – Je l'ai vue, mais je ne .... pas qui c'est.

4) ▪ – Tu .... quand ils reviennent ? – Non, je ne .... pas te dire. Je ne .... pas leurs projets.

5) ▪ Elle .... faire beaucoup de choses, mais elle ne .... pas faire la cuisine !

6) ▪ Je .... bien cette ville. Je .... être ton guide.

7) ▪ – Vous .... où il habite ? – Oui, je .... t'accompagner.

8) ▪ Elle .... le nouveau stagaire. Elle .... ce qu'il aime. Elle .... t'aider à trouver un bon cadeau pour lui.

PROJET 1

Organisez un festival

Votre ville décide d'organiser un festival.
Vous faites partie du comité de sélection.
Vous devez faire :

1 ▪ la grille de programmation avec jours, heures, titre des œuvres et lieux des représentations ;
2 ▪ l'affiche du festival ;
3 ▪ un texte de quelques lignes (type article de journal) pour présenter le festival ;
4 ▪ la présentation d'un(e) des artistes, des films, des pièces de théâtre.

Discutez en groupe pour savoir :

- quel événement vous voulez célébrer ;
- quel festival vous voulez organiser (cinéma, théâtre, musique, danse...) ;
- pour qui (touristes nationaux ou étrangers, population locale, jeunes, moins jeunes, tous publics...) ;
- dans quel genre (classique, moderne, comique...) ;
- à quel moment de l'année (en été, en hiver...) ;
- quels lieux vous allez choisir (théâtres, places de la ville, cinémas...) ;
- comment vous allez organiser la publicité ;
- qui va vous aider financièrement...

Du mois de juin au mois de septembre, plus de 300 festivals, du plus modeste au plus prestigieux, sont offerts aux vacanciers.
Nées en 1985 pour aider les enfants de Tanzanie, les Francofolies sont devenues le festival de la chanson francophone. En 1998, pendant six jours, 150 artistes dans huit lieux de concert ont fait chanter des milliers de spectateurs.

mardi 14 juillet

Salle Bleue 16h00
HEVEA
CLAUDE BARTHELEMY, avec LA BARONNE & Elise CARON

Grand Théâtre 18h00
LE SOLDAT INCONNU
LA TORDUE

Carré Amelot 18h00
CARTE BLANCHE Le Chantier des Francos, avec YASMINA, NICOLAS JULES, JULES SIMONIN, MONSIEUR POLI, ALAIN KLINGLER, MARIE-CAROLINE REVRANCHE
EL SIKAMEYA Lauréat Club Entreprises

Parc des Expos 20h00
Lee Francophoniques
NUIT TECHNO avec ERIC BORGO, MILOCH, STEPHANOVITCH, ZZINO + ACCELERATOR, MANU LE MALIN, ACID KIRK, CHAOTIC RAMSES & TONIO
HOUSE avec ERIK RUG, FREDEVERYTHING, JEF K., DAVID CHONG, MANDRAX

Esplanade Saint-Jean d'Acre 21h00
Places assises et numérotées !
FFO
MICHEL SARDOU

Salle Bleue 16h00
LAURENT MALOT
ERIC LAREINE

Grand Théâtre 18h00
VANINA MICHEL
PASCAL MATHIEU
FÊTE ALLAIN LEPREST avec KENT, RICHARD GALLIANO...

Carré Amelot 18h00
BUFF' GRÖL
FÊTE DUO DIESE, avec MICHEL LEFORT, GÉRALD DIERRICK, NICOLAS JULES, BAIL A CEDER...

Le Maki 20h00
GHETTO PRODIGE
NEMESIS ET KALIBRA AVEC PERLE NOIRE
FANTASTIK BREAKERS
LA BRIGADE
DJ' NASSER

Esplanade Saint-Jean d'Acre 20h30
NATIVE
AXELLE RED
FÊTE MICHEL DELPECH, avec PASCAL OBISPO, LOUIS CHEDID, ALAIN CHAMFORT, CHRISTOPHE...

FÊTE

SINCLAIR

Inspiré de la soul et du funk, ce jeune chanteur plein d'humour a déjà sorti trois albums : *La bonne attitude* (1993), *Que justice soit faite* (1995) et *Au mépris du danger* (1997). Pendant ses trois premières années de carrière, il a donné près de 300 concerts en France, en Europe et au Canada. On le retrouve ici sur la grande scène de La Rochelle.

PROJET 2

Faites connaître votre région !

Vous êtes chargé(e) de la campagne de communication pour faire connaître l'une des régions de votre pays.
La campagne de communication doit contenir :

1 ▪ une annonce radio ;
2 ▪ une plaquette de présentation avec textes et photos ;
3 ▪ un article sur une spécialité locale.

On divise la classe en groupes. Chaque groupe choisit une région et discute de ses intérêts : beauté des paysages, patrimoine culturel, hôtels, activités sportives, spécialités culinaires…
Le travail est réparti à l'intérieur de chaque groupe entre les participants.

De la terre à la mer

La Bretagne

vous offre détente, loisir et culture

Alignement de Lagatjar.

Avec ses 3 000 km de côtes, sa nature sauvage, ses villes chargées d'histoire, ses multiples monuments, son passé millénaire, on comprend pourquoi la Bretagne est depuis longtemps une destination privilégiée pour les vacances.

Vous y trouverez hôtels, campings, clubs de grande qualité, équipements sportifs de haut niveau et multiples attractions.

Et n'oublions pas la gastronomie et les nombreuses spécialités locales : poissons, coquillages, agneaux de pré-salé, galettes et far, le tout accompagné du fameux beurre salé.

Calvaire de Pleyben.

Découvrez un pays mystérieux et accueillant…

ANNONCE RADIO

Vous aimez le calme ou les activités sportives ?
Vous préférez la mer ou la campagne ?
Vous êtes attiré par l'histoire et la tradition ou par les beautés de la nature ?
Ne cherchez plus. La Bretagne a toutes les réponses et vous attend !

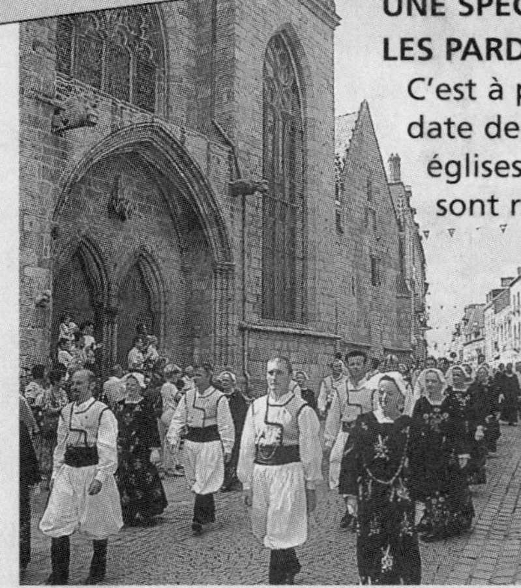

Guimcamp Saint-Loup.

UNE SPÉCIALITÉ BRETONNE : LES PARDONS

C'est à partir du XVe siècle, date de la construction des églises, que des pèlerins se sont réunis autour de ces monuments pour obtenir le pardon de leurs péchés. Le clergé a nommé « pardon » ces assemblées.